Dr. Jaerock Lee

Bokengelaka mpe Bobondelaka

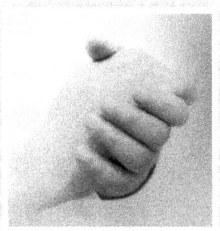

*Ayei epai na bayekoli na Ye mpe Akuti bango kati na mpongi,
Alobi na Petelo ete, Bongo, boyebaki kokengela na
Ngai kino tango moke te? Bokengela mpe bobondelaka
ete boingela na komekama te; molimo ezali na
mposa nde nzoto ezali na bolembu.
(Matai 26:40-41)*

BOKEENGELLAKA MPE BOBONDELAKA na Dr. Jaerock Lee
Ebimisami na Ba Buku Urim (Ekambami na: Johnny. H. Kim)
235-3, Guro-dong 3, Guro-gu, Seoul, Coree.
www.urimbooks.com

Droit D'auteur. Buku oyo to mpe eteni na yango ekoki na kobimisama soko te, kofandisama kati na systeme moko na kobimisama ebele te, to mpe kopesama na lolenge soko nini to mpe, na lolenge na electronique, mecanique, photocopie, enregistrement to mpe nini, soki nzela epesami na mobimisi na yango te.

Droit D'auteur © 2007 na Dr. Jaerock Lee
ISBN: 979-11-263-1236-8 03230
Copyright na Traducteur © 2008 na Dr, Esther K. Chung. Bakosalela yango soki nzela epesami.

Kobimisama eleka na ki Coreen na Ba Buku Urim na 1992

Publication na liboso fevrier 2023

 Edition na Dr. Geumsun Vin
Desin na Ndako na Edition na ba Biku Urim
Mpona boluki na Koyeba mingi, tala na: urimbook@hotmail.com

Liteyo na Tango na Kobimisama

Lokola Nzambe Alobela na biso mpona kobondela tango nioso, Ayekolisa biso mpe na ba lolenge mingi mpona nini tosengeli kobondela na kotika te mpe Akebisa na biso mpona kobondela mpo ete tokweya kati na komekama te.

Kaka lolenge kopema na momesano ezalaka mosala na pasi te mpona moto oyo azali na nzoto makasi, moto na nzoto na molimo makasi amonaka yango komesana mpe amonaka yango pasi te mpona kobika kolandana na Liloba na Nzambe mpe kobondela na momesano mpe na kotika te. Yango ezali ete na lolenge moto azali kobondela molema na ye ekotambolaka malamu. Lolenge oyo na kobondela, ekoki ten a kopesa kokoso.

Moto oyo bomoi na ye esili akoki te kopema na nzela na zolo na ye. Lolenge moko mpe, moto oyo molimo na ye ekufa akoki te kopema mpema na molimo. Na maloba mosusu, molimo na moto akufaki mpona lisumu na Adamu, kasi ba oyo milimo na bango ezongisama na nzela na Molimo Mosantu basengeli soko te kotika kobondela na lolenge molimo na bango ezali na bomoi, kaka lolenge biso tokoki te kotika kopema.

Bandimi na sika ba oyo bawuti kondimela Yesu Christu bazali lokola bana. Bango bayebi te lolenge nini esengeli kobondela mpe bayokaka kobondela lokola motungisi. Kasi, na tango bakotikaka ten a komitika kati na Liloba na Nzmabe mpe bakokobaka na kobondela na kati na molende, milimo na bango ekokola mpe mpe ekozwa makasi na lolenge bango bakobonndela makasi. Bato oyo bakososola solo ete bakoki ten a kobika soki kobondela ezali te, kaka lolenge moto akoki te kobika soki azali kopema te.

Kobondela ezali kaka bilei na bison a molimo te kasi nzela na kosolola kati na Nzambe mpe bana na Ye, eye esengeli tango nioso kotikala polele. Mpona kokatana na lisolo kati na ebele na baboti mpe bana na bango kati na mabota na mikolo oyo ezali mosika na likama te. Komitiela motema ebebisama mpe boyokani na bango ezalimmkaka komesana na pamba. Kasi, ezali na eloko moko te oyo tokoki te koyebisa Nzambe na biso.

Nzambe na bison a nguya Nioso Azali Tata na kolandelaka

Ye oyo Ayebi mpe Asosolaka biso malamu na koleka, Akolandelaka biso mpenza na pembeni na tango nioso, mpe Alingelaka biso tolobelaka Ye tango na tango. Mpona bandimi nioso, kobondela ezali fongola mpona kobeta mpe na kofungola ekuke na motema na Nzambe na Nguya Nioso mpe ebundeli eye elekelaka esika mpe tango. Bongo biso totikala komona te, tooyoka te, mpe toomona ten a miso Bakristu oyo ba bomoi na bango embongwana mpe kotambwisama na lisituale na mokili etelemisama mpona libondeli na nguya?

Na lolenge tokosenga lisungi na Molimo Mosantu kati na kobondela na biso, Nzambe Akotondisa bison a Molimo Mosantu, Akopesa na biso makoki na kososola malamu mokano na Ye mpe tobiika kati na yango, mpe Akopesa na biso nzela na kolonga moyini zabolo mpe tozala kati na elonga kati na mokili oyo. Kasi, na tango moto akei mpona kozwa kotambwisama na Molimo Mosantu mpo ete ye abondelaka te, akomitika na yanbo mpe mingi kati na makanisi na ye moko mpe koyeba, mpe abika kati na solo te yango ezali kotelemela mokano na Nzambe, mpe ekozala pasi mpona ye kozwa lobiko. Yango tina Biblia kati na Bakolose 4:2 elobi na biso ete, "Boyika mpiko kati na kobondela; bokengela na yango na matondi," mpe kati na Matai 26:41, "Bokengelaka mpe bobondelaka ete boingela na komekama te; molimo ezali na mposa nde nzoto ezali na bolembu."

Tina wapi Mwana se moko na likinda na Nzambe Yesu Akokaki kokokisa mosala na Ye nioso kolandisama na mokano na Nzambe ezalaki mpona nguya na kobondela. Liboso na Ye kobanda mosala na Ye, Nkolo na biso Yesu Akilaki bilei mpona mikolo 40 mpe Atiaki elembo na bomoi na kobondela na kobondelaka tango nioso ekokaki Ye ata kati na mosala na Ye na mbula misato.

Toomonaka ebele na Bakristu kondima motuya na mabondeli, kasi ebele kati na bango bazangaka kozwa biyano na Nzambe mpo ete bayebi lolenge na kobondela te kolandana na mokano na Nzambe. Nayoka motema mpasi mingi na komonaka baton a lolenge oyo mpona ba mbula mingi, kasi na esengo mingi na kobimisa buku likolo kobondela kolandisama na ba mbula 20 na mosala mpe makambo namonana na yango.

Nakolikia ete buku oyo moke ekosunga mingi mpona motangi nioso kati na kokutana mpe na komona Nzambe, mpe kobika bomoi na mabondeli na nguya. Tika ete motangi nioso asenjela mpe abondela na kotika te mpo ete asepela nzoto makasi mmpe nioso ekoka kotambola malamu na ye lokola molimo na ye ekotambola malamu, na nkombo na Nkolo na biso Nabondeli!

Jaerock Lee

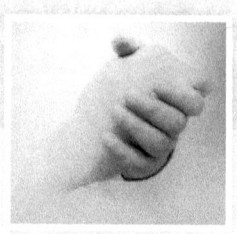

Contents Kati na buku
BOKEENGELLAKA MPE BOBONDELAKA

Liteyo na Tango na Kobimisama

Chapitre 1
Senga, Luka, mpe Beta na Ekuke • 1

Chapitre 2
Bondima ete Bosili Kozua Yango • 21

Chapitre 3
Lolenge na Libondeli Eye Esepelisaka Nzambe • 35

Chapitre 4
Mpo ete Bokkota kati na Komekama te • 57

Chapitre 5
Libondeli na Nguya na Moyengebeni • 73

Chapitre 6
Nguya Monene na Kobondela kati na Koyokana • 85

Chapitre 7
Bobondelaka Tango Nioso mpe Bolembeke • 101

Chapitre 1

Senga, Luka, mpe Beta na Ekuke

Bosengaka mpe bakopesaka bino;boluka mpe bokozuaka; bobetaka mpe bakozipwela bino. Pamba te moto na moto oyo akosengaka akozua; ye oyo akolukaka akomona;bakofungolaka na ye oyo akobetaka. Nani kati na bino soko mwana na ye akosenga ye lipa, akopesa ye libanga? Soko akosenga mbisi akopesa ye nyoka? Boye soko bino bato mabe boyebi kopesa bana na bino makabo malamu, Tata na bino na Likolo Akoleka te kopesa biloko malamu na bango bakosengaka na Ye?"

(Matai 7:7-11)

1. Nzambe Apesaka Makabo Malamu na Bango Bakosengaka

Nzambe Alingaka te ban aba Ye banyokwama na bobola mpe bokono kasi Alingaka makambo nioso kati na ba bomoi na bango matambola malamu. Kasi, soki tokofandaka kaka pamba na kosalaka makasi moko te, tokotikala kobuka eloko moko te. Ata soki Nzambe Akokaki kopesa na biso nioso kati na likolo pamba te nioos kati na likolo ezali na Ye, Alingi ban aba Ye basenga, baluka, mpe bakokisa na makasi na bango moko kaka na lolenge ezali na lisese na kala eye elobi ete, "Bokoleisa mwana bbebe kolela."

Soki ezali n moto oyo akolikiaka kozwa nioso na lolenge akotelemaka mpamba, ye akeseni na fololoo oyo elonami kati na elenga. Lolenge kani baboti bakosala soki bana na bango bakosalaka lokola fololo etikali esika moko mpe bakolekisaka mokolo na bango mobimba likolo na mbeto na kosalaka makasi moko te mpona kobika bomoi na bango moko? Ezaleli na lolenge oyo ezali lokola na moto goigoi oyo alekisi ngonga na ye nioso na kozelaka mbuma na nzete kokweela ye kati na monoko.

Nzambe Aligi biso tokoma bana na Ye na bwanya mpe na komipesaka ba oyo basengaka na molende, balukaka, mpe babetaka na ekuke, na bongo bakosepelaka mapamboli ma Ye mpe bakopesaka nkembo epai na Ye. Yango ezali mpenza mpo nini Apesa biso motindo na kosenga, koluka, mpe kobeta na ekuke. Moboti moko te akopesa na mwana na ye libanga soki mwana asengi lipa. Moboti moko te akopesa na mwana na ye nyoka na tango mwana asengi mbisi. Ata soki moboti azali mpenza mabe, akolikia na kopesa libonza malamu na mwana na ye. Bongo bokanisi te ete Nzambe na biso-Ye oyo Alinga biso kino na kopesa Mwana na Ye se moko na likinda mpona kokufela biso- Akopesa bana na Ye mabonza malamu na tango basengi Ye?

Kati na Yoane 15:16 Yesu Alobi na biso ete, "Bino boponi Ngai te, kasi Ngai naponi bino mpe Nabongisi bino ete bokenda kobota mbuma mpe ete mbuma na bino eumela ete likambo nini likolomba bino Tata na nkombo na Ngai, Akopesa bino yango." Oyo ezali elaka na motuya na Nzambe na bolingo mpe Nguya Nioso ete na tango tozali kosenga na molende, tokoluka, mpe tokobetaka na ekuke, Akofungola ekuke na Lola, kopambola biso, mpe ata koyanola ba posa na motema na biso.

Na eteni wapi Chapitre oyo ezwami, tika été biso toyekola lolenge nini kosenga, koluka, mpe kobeta na ekuke mppe tozwa nioso ezali biso kosenga epai na Nzambe mpo été Akoka kozwa nkembo monene mpe esengo makasi mpona biso.

2. Senga mpe Ekopesamela Yo

Nzambe Alobi na bato nioso ete, "Senga mppe ekopesamela yo" mpe Alingi moto nioso azala moto apambolama mpe oyo azali kozwa nioso oyo ezali Ye kosenga. Mpona eloko nini Asengi na biso kolomba?

1) Senga mpona makasi na Nzambe mpe Komona Elongi na Ye

Nzambe sima na Ye kokela ba Likolo mppe nse mpe biloko nioso kati na yango, Akelaka moto. Mpe Apamboaki mpe Alobaki na moto ete babotaka mpe bakoma ebele, mpe batondisa mokili, mpe bakonza yango; mpe bakonza likolo na mbisi na mai monene mpe likolo na bandeke na likoolo mpe likolo na ekelamo nioso na bomoi eye ekotambolaka na mokili.

Sima na moto na liboso Adamu kozanga kotosa Liloba na Nzambe, mpe abobamnaki mosika na Nzambe sima na ye koyoka mongongo na Ye (Genese 3:8). Lisusu, batoo oyo bakomaki basumuki bakomaki banguna na miso na Nzambe mpe amemamaki na nzela na kobebisama lokola moumbo na moyini zabolo.

Pamba te mpona basumuki yango Nzambe na bolingo Atindaka Mwana na Ye Yesu Christu kati na mokili mpona kobikisa bango, mpe kofungola ekuke mpona lobiko na bango. Mpe soki moto nani nani andimeli Yesu Christu lokola Mobikisi na ye moko mpe andimeli nkombo na Ye, Nzambe Akolimbisa ye na masumu ma ye nioso mpe Akopesa na ye likabo na Molimo Mosantu.

Lisusu, kondima akati na Yesu Christu ememaka biso kati na lobiko mpe epesaka na biso makoki na kozwa makasi na Nzambe. Kaka na tango Nzambe Apesaka na biso makasi na Ye mpe nguya, nde tokoka kobika bomoi na kosambela kati na elonga. Na maloba mosusu, kaka na ngolu mpe na makasi na likolo, nde tokoka kolonga mokili mpe tobika kolandana na Liloba na Nzambe. Mpe tozali na bosenga na kozwa nguya na Ye mpe tobika kolandana na Liloba na Nzambe. Mpe tozali na bosenga na kozwa nguya na Ye mpona kokweisa zabolo.

Nzembo 105:4 elobi na biso ete, "Boluka YAWE mpe Nguya na Ye; Boluka elongi na Ye tango nioso." Nzambe na biso Azali "NAZALI OYO NAZALI" (Esode 3:14), Mokeli na ba Likolo mpe nan se (Genese 2:4), mpe Motambwisi na lisituale nioso mpe eloko nioso kati na likolo longwa na ebandeli kino libela na libela. Nzambe Azali Liloba mpe na Liloba Akelaka eloko nioso kati na Univer nde bongo, Liloba na Ye Ezali nguya. Na kokesana na maloba na bato oyo ekombongwanaka tango nioso, Liloba na Nzambe Ezali na Bomoi mpe etondisama na nguya, mpe ekoki kotalisa mosala na kokela.

Na bongo, ata nguya na lolenge nini moto akoki komonana kozala na yango, soki ayoki Liloba na Nzambe oyo ezali na bomoi mpe andimeli yango na kobeta tembe te, ye, mpe lokola akoki kotalisa mosala na kokela mpe Akela eloko esika eloko ezali te. Kokela na eloko esika eloko ezali te ekoki te kosalema soki kondima na moto kati na Liloba na Nzambe etalisami te. Yango ntika Yesu Atatolaka epai na ba oyo nioso bayaka liboso na Ye ete, "Esalemela yo kolandisama na kondima nay o." Na mokuse, mpona kosenga makasi na Nzambe ezali lolenge moko na kosenga Ye ete Apesa na biso kondima.

Nini bongo yango elakisi "koluka elongi na Ye tango nioso"? Kaka lolenge ekoki te kolobama ete toyebi moto soki toyebi elongi na ye te, "koluka elongi na Ye" etalisi makasi tosengeli kosala mpona kososola "nani Nzambe Azali." Elakisi ete ba oyo na kala bazalaki kokima mpona komona elongi na Nzambe mpe na koyokaka mongongo na Ye bafungoli sasaipi mitema na bango, baluki mpe basososli Nzambe, mpe bazali komeka koyoka mongongo na Ye. Mosumuki akoki te kotombola elongi na ye mpe alukaka kobalusa elongi na ye mosika na basusu. Kasi na tango ye azwi kolimbisama na masumu, akoki kotombola elongi na ye mpona kotala bato misusu.

Lolenge moko, bato nioso bakoma basumuki na nzela na kozanga botosi na Liloba na Nzambe, kasi soki moko alimbisami na kondimela Yesu Christu mpe Akomi Mwana na Nzambe na koyambaka Molimo Mosantu, akoki sasaipi komona Nzambe oyo Azali Ye mpenza Pole, mpo ete andimami moyengebene epai na Nzambe Moyengebeni.

Eloko eleki motuya mpona Nzambe kosenga na bato ete baluka elongi na Nzambe" ezali mpo ete Alingi moko na moko kati na bango-basumuki- bazongisama kati na lisanga elongo na Nzambe mppe bayamba Molimo Mosantu na kosengaka komona elongi na Nzambe, mpe bakoma ban aba Ye oyo bakoki koya elongi na elongi na Ye. Na tango moto akomi mwana na Nzambe Mokeli, ye akozwa Lola mpe bomoi na seko mpe kosepela, likolo na wapi eloko moko te ezali lipamboli na koleka.

2) Senga Mpona Kokokisa Bokonzi na Nzambe mpe Bosembo na Yango

8 · BOKEENGELLAKA MPE BOBONDELAKA

Moto oyo Ayambi Molimo Mosatu mpe Akomi mwana na Nzambe akoki kobika bomoi na sika, mpo ete abotami sika na Molimo. Nzambe oyo Amonaka yango motuya na koleka molimo moko koleka ba likolo mpe nse Ayebisi biso bana na Ye ete tosenga mpona kokokisa Bokonzi na Ye mpe bosembo na yango likolo na nioso (Matai 6:33).

Yesu Alobeli na biso boye kati na Matai 6:25-33 ete:

Bongo, Nazali koloba na bino ete, 'Botungisa mitema na bino te ete bokolia nini mpe ete bokomela nini. Mpo ete bomoi eleki bilei te? Mpe nzoto eleki bilamba te? Botala bandeke na likolo bakobukaka te bakolonaka mpe te mpe bakosangisaka kati na ebombelo mpe te; nde Tata na bino na Likolo Azali koleisa bango. Bino nde boleki bangoo na motuya te? Nani kati na bino ayebi kobakisa ndambo mosusu na molai na ye bobele mpona kobanza banza? Bokomitungisa mpe mpona bilamba nna ntina nini? Tala epai na fololo na lisobe, lokola ezali yango kokola. Ikosalaka mosala te, ikotongaka mpe busi te. Nde Nazali koloba na bino Solomon a nkembo na ye nioso alati bilamba lokola moko na yango te. Soko nde Nzambe Akolatisa matiti na elanga boye, oyo ikobimisa fololo lelo nde lobi ikobwakama na moto, Akoleka kolongisa bino te? Bino baton a kondima moke mpenza! Boye bomitungisa te mpona koloba ete, 'Tokolia nini? soko ete, tokomela nini? Soko été, 'Tokolata nini? Bapagano bakoluka biloko yango nioso. Pamba te Tata na bino na Likolo Ayebi ete bozali na bosenga na yango nioso. Bolukaka nde liboso Bokonzi na Nzambe mpe boyengebene na Ye mpe biloko oyo nioso Ikobakisama na bino.

Nini bongo ezali koluka Bokonzi na Nzmabe" mpe nini ezali "koluka boyengebene na Ye"? Na lolenge mosusu, nini esengeli na biso kosenga mpona kokokisa bokonzi na Nzambe mpe bosembo na Ye?

Mpona bato oyo bakoomaki baumbu na moyini zabolo mpe basengelaki na kobebisama, Nzambe Atinda Mwana na Ye se moko na Likinda kati na mokili mpe Andima ete Yesu Akufa na ekulusu. Na nzela na Yesu Christu, Nzambe mpe Azongisela na biso bokonzi oyo tobungisa mpe Andimela biso ete totambola na nzela na lobiko. Koleka tango tozali koteya Sango Malamu na Yesu Christu oyo Akufaka mpona biso mpe Asekwaka, mingi na mapinga na Satana mpe ekobebisama. Tango mingi na mapinga na Satana ebebisami mingi mpe na milimo mibunga mikoya kati na lobiko. Na tango mingi na milimo mibunga mibikisami, Bokonzi na Nzambe mpe ekoyeisama monene. Bongo, "Koluka Bokonzi na Nzambe" elakisi kobondela mpona mosala na kobikisa milimo to mpe mission na mokili mobimba, mpo ete bato nioso bakoma bana na Nzambe.

Tomesana kobika kati na molili mpe katikati na masumu mpe mabe, kasi na nzela na Yesu Christu tozwa nguya mpona koya liboso na Nzambe oyo Ye moko Azali pole. Mpo ete Nzambe Abikaka kati na bolamu, na boyengebene, mpemkati na pole, elongo na masumu mpe mabe tokoki te koya liboso na Ye to mpe tokoma bana na Ye.

Na bongo, "koluka bosembo na Nzambe" etalisi na

kobondela ete molimo mokufa na moto ekoki kosekwisama, molema na ye etambola malamu mpe ye akoma sembo na kobikaka kolandisama na Liloba na Nzambe. Tosengeli kosenga na Nzambe ete Andimela biso ete toyoka mpe tokoma na konngengisama na Liloba na Nzmabe, tolongwan na masumu mpe na molili mpe tooingela kati na pole, mpe tosantisama na kolandaka kobulisama na Nzambe.

Kolongola misala na mosuni kolandana na bosenga na Molimo Mosantu mpe tosantisama na kobikika kati na solo ezali kokokisa bosembo na Nzambe. Lisusu, lokola tozali kosenga mpona kokokisa bokonzi na Nzambe tokobika nzoto malamu mpe makambo nioso makotambola malamu na biso kaka lolenge molimo na biso ezali kokofuluka (3 Yoane 1:2). Yango tina Nzambe Apesi biso mobeko na koosenga naino mpona kokokisa Bokonzi na Nzmabe mpe boyengebene na Ye, mpe Alaki biso ete eloko nioso tokosenga ekopesamela biso mpe lokola.

3) Tosenga mpona Kokoma Basali na Ye mpe Tosalela mosala Mopesami na Nzambe

Soki bozali kosenga mpona kokokisa bokonzi na Nzambe mpe boyengebene na Ye, bosengeli bongo kobondela mpona kokoma basali na Ye. Soki bosilaki kozala basali na Ye, bosengeli kobondela makasi mpona kosala mosala mopesami na Nzambe. Nzambe Afutaka ba oyo balukaka Ye na motema moko mpe Apesaka mabonza na ye na moto nioso kolandisama na oyo esalaki ye (Emoniseli 22:12).

Kati na Emoniseli 2:10, Yesu Alobi na biso ete, "Zala sembo kino kufa; mpe Nakopesa nay o motole na bomoi." Ata kati na bomoi oyo, na tango moto atangi mpenza makasi akoki kozwa bourse mpe akota na instutut malamu. Na tango moto azali kosala makasi kati na mosala na ye, akoki kozwa pete na likolo mpe azwa kosalelama malamu mpe lifuti na likolo.

Na lolenge moko, tango bana na Nzambe bazali sembo na mosala mopesamelaki bango na Nzmabe, ekopesamela bango mabonnza maleki monene. Mabonza na mokili oyo ekokani ten a mabonza kati na Bokonzi na Likolo na monene mpe na nkembo. Na bongo, na esika na ye moko tika ete moko na moko na biso asengeli kozwa makasi na kondima mpe abondela mpona kokoma mosali na motuya na Nzambe.

Soki moto azali naino na mosala mopesameli ye na Nzambe te, asengeli kobondela mpona kokoma mosali mpona bokonzi na Nzambe. Soki mosala mopesamelaki moto, asengeli kobondela mpona kosala yango malamu mpe atala mosala moleki likolo. Moto na asengeli kobondela mpona kosala yango malamu mpe atala oyo eleki likolo. Mondimi pamba asengeli kobondela mpona kokoma diacre na tango diacre asengeli kobondela mpona kokoma mokambi na sous-district, na sous dictrict asengeli mpona kokoma mokambi na district, mpe mokambi na district mpona komata likolo na wana.

Yango esengeli te koloba ete moto asengeli kosenga mpona mpete na mpaka to mpe na diacre. Etalisi mpona koluka kozala sembo kati na misala na ye, kosala makasi mingi mpona bango, mpe kosalela mpe kosalelama na lolenge eleki epai na Nzambe.

Ya motuya koleka mpona moto oyo azali na mosala mopesameli ye na Nzambe ezali lolenge na bosembo na oyo azali na makoki na kokokisa ata mosala moleki monene na oyo azali na yango. Mpona yango, asengeli kobondela mpo ete Nzambe Akoka na kokumisa ye ete, "Osali malamu, yo mosali na sembo mpe malamu!"

1 Bakolinti 4:2 elobi na biso ete, "Bakolukaka epai na mobateli ete amonana moto na sembo." Na boye, moko na moko kati na biso asengeli kobondela mpona kokoma mosali na sembo na Nzambe kati na mangomba na biso, nzoto na Christu, mpe na bisika na biso moko na moko.

4) Bosenga mpona Lipan a mokolo na mokolo

Mpona kosikola moto na bobola na ye, Yesu Abotamaka mobola. Mpona kobikisa bokono na lolenge nioso mpe makakatani, Yesu Abetamaka fimbo mpe Atangisaka makila ma Ye. Yango ezali kaka bongo mpona bana na Nzambe ete basepela bomoi na kofuluka mpe na nzoto malamu, mpe makambo nioso kati na bomoi na bango matambola malamu.

Na tango tokosengaka naino mpona kokokisa bokonzi na Nzambe mpe boyengebene na yango, Alobeli biso ete biloko nioso oyo ikopesamela biso mpe lokola (Matai 6:33). Na lolenge mosusu, sima na kosenga mpona kokokisa bokonzi na Nzambe mpe bosembo na yango, tosengeli kobondela mpona biloko masengela mpona kobika kati na mokili oyo, lokola bilei, bilamba, ba ndaku, misala, mapamboli kati na misala na biso, kozala malamu na mabota na biso, mpe makambo na lolenge wana. Bongo Nzambe Akotondisa biso kaka lolenge elakaki Ye biso. Bokanga kati na ba bongo na bino ete soki tokosenga mpona biloko na kosepelisa bomoi na biso, mpe mpona nkembo na Ye te, Nzambe Akoyanola mabondeli na biso te. Libondeli na mposa na masumu ezali na eloko moko ten a Nzambe.

3. Luka mpe Okomona

Soki bozali kosenga elakisi ete bobungisaki eloko moko.

Nzambe Alingi ete bato bazala na eloko yango moko eye ebungisaki bango. Mpo ete Apesi na biso motindo na koluka, tosengeli naino koyeba nini biso tobungisaki mpo ete tokoka koluka mpona eloko yango biso tobungisaka. Tosengeli mpe koyeba lolenge nini kosengeli kozwa yango.

Eloko nini bongo biso tobungisaki mpe lolenge kani tozali koluka yango? Moto na liboso oyo Nzambe Akelaka azalaka ekelamo na bomoi oyo azalaki na molimo, elema, mpe nzoto. Lokola ekelamo na bomoi oyo akokaki kosolola na Nzambe oyo azali Molimo, moto na liboso asepelaki mapamboli na lolenge nioso Nzambe Apesaka na ye mpe abikaka kolandana na Liloba na Ye.

Kasi, sima na ye komekama na Satana, moto yango na liboso atosaki te mobeko na Nzambe. Kati na Genese 2:16-17 tomoni ete, "YAWE Nzambe Alakaki moto ete, 'Yo okoki kolia mbuma na nzete nioso na elanga, nde mbuma naa nzete na koyeba malamu mppe mabe okoki kolia te. Pamba te mokolo okolia yango okokufa solo.'"

Ata soki mosala nioso na moto ezali kobanga Nzambe mpe kobatela mibeko na Ye (Eclesiaste 12:13), moto na liboso oyo akelamaka abatelaki mobeko na Nzmabe te. Na suka, lokola Nzambe Akebisaka Ye, sima na ye kolia na nzete na koyeba malamu mpe mabe, molimo kati na ye ekufaka mpe ye akomaka moto na elema, oyo akokaki lisusu te kosolola na Nzambe. Na kobakisa, milimo na bakitani na ye nioso ekufaki mpe bango bakomaka baton a mosuni, ba oyo bakokaki lisusu te kobatela mosala na bango nioso. Adamu abimisamaki na Elanga na Edene na mabele molakelama mabe. Ye elongo na bango nioso bayaka na sima na ye basengalaki sik'awa kobika kati na mawa, konyokwama, mpe bokono, nde kaka na mitoki na elongi na bango nde bakokaki kolia. Lisusu, bakokaki lisusu te kobika na lolenge na bikelamo na Nzambe kasi na lolenge bazalaki kolanda biloko na pamba kolandisama na kokanisa na bango, bakomaka baton a kanyaka.

Mpona moto oyo molimo na ye ekufa mpe ye azali kaka na molema mpe nzoto na ye akoka lisusu kobika na lolenge ekoka mpo na ekelamo na Nzambe, ye asengeli kozongela molimo na ye ekufa. Kaka na tango molimo mokufa kati na moto ezongisami na bomoi, nde akokoma moto na molimo, mpe asolola elongo na Nzambe oyo Azali Molimo, nde akokoka lisusu kobika lokola moto na solo. Yango tina Nzambe Asengi na biso toluka molimo na biso mokufa.

Nzambe Afungola mpona bato nioso nzela mpona kosekwisa molimo na bango ekufa mpe nzela yango ezali Yesu Chritu, lokola Nzambe Alaka na biso, tokoyamba Molimo Mosantu mpe Molimo Mosantu Akoya koingela kati na biso, mpe Azongisa kati na bomoi molimo na biso ekufa. Na tango toluki elongi na Nzambe mpe tozwi Yesu Christu sima na biso koyoka kobeta na Ye na ekuke na motema na biso, Molimo Mosantu Akoya mpe Akobota molimo (Yoane 3:6). Na lolenge tozali kobika kati na kotosa Molimo Mosantu, tolongoli misala na mosuni, toyoki yango, tondimi yango, tokomisi yango lipa, mpe tobondeli kati na Liloba na Nzambe, na lisungi na Ye tokokoka kobika kolandana Liloba na Ye. Yango ezali nzela wapi molimo mokufa mozongisami na bomoi mpe moto akomi moto na molimo mpe azongeli elilingi mobunga na Nzambe.

Na tango tozali na bosenga na kolia motane na kati na liki eye ezalaka na vitamin makasi, tosengeli liboso kopanza mpembe likolo na liki mpe tolongola mpenbe na kati. Na lolenge moko, mpona moto kokoma moto na molimo, mosala na ye na mosuni esengeli naino kolongolama mpe ye asengeli na kobota molimo kati na lisungi na Molimo Mosantu. Yango ezali luka oyo Nzambe Alobeli.

Toloba ete syateme nioso na kopesa lotiliki kati na mokili ebomamaki. Moto moko ten a mosala na yango oyo asali ye moko akokaki kozongisa yango. Yango ekozwa tango molai mpona moto yango kotinda baton a mosala na lotiliki mpe bamema ba piece esebfeli mpo ete lotiliki yango ekoka na kozongisama kati na biteni nioso na mokili.

Na lolenge moko, mpona kosekwisa molimo mokufaki mpe kokoma moto na molimo ekoka, moto asengeli koyoka mpe koyeba Liloba na Nzambe. Ata bongo, koyeba kaka Liloba na pamba yango ekoki te mpona kokomisa ye moto na molimo, asengeli, asengeli noki noki kozwa, kokomisa yango lipa, mpe abondela kati na Liloba mpo ete akoka kobika kati na Liloba na Nzambe.

4. Beta mpe Ekuke ekofungwamela Bino

Ekuke oyo Nzambe Alobeli ezali ekuke na bilaka oyo ekofungwama na tango tobeti yango. Na ekuke na lolenge nini Nzambe Alobeli na biso ete tobeta? Ezali ekuke na motema na Nzambe na biso.

Liboso na biso kobeta na ekuke na motema na anNzambe na biso, Abetaka na motema na motema na bison a liboso (Emoniseli 3:20). Lokola lifuti, tofongolaki bikuke na mitema na biso mpe tondimelaka Yesu Christu. Sasaipi ezali ngonga na biso mpona kobeta na ekuke na motema na Ye. Mpo ete motema na Nzambe na biso eleki Lola na monene koleka ba Likolo mpe mozindo na koleka ba ocean, na tango tobeti na ekuke na motema na Ye oyo ezangi suka, biso tokoki kozwa eloko nioso.

Lolenge tozali kobondela mpe kobeta na ekuke na motema na Nzambe, Akofungola bikuke na lola mpe Asopela biso nkita. Na tango Nzambe, oyo Afungolaka mpe moto moko te akoki kokanga, mpe oyo Akangaka mpe moto moko te akoki kofungola, Afungola malilisa na Lola mpe Azwi ekateli na kopambola biso, moto moko te Akoki kotelema na nzela na Ye mpe mbonge na mapamboli (Emoniseli 3:7).

Tokoki kozwa biyano na Nzambe na tango tobeti na ekuke na motema na Ye. Kasi, kolandisama na lolenge nini moto abeti na ekuke yango, ye akoki kozwa ezala lipamboli moke to mpe monene. Soki alingi kozwa lipamboli monene, malilisa na Lola masengeli kofungwama monene mpenza. Na bongo, asengeli kobeta na ekuke na motema na Nzambe na monene koleka mpe nokinoki asepelisa Ye.

Mpo ete Nzambe Asepelaka mpe Azwaka esengo na tango tolongolaka mabe mpe tozali kobika kati na mibeko ma Ye kati na solo, soki tozali kobika kati na Liloba na Nzambe, tokoki kozwa eloko nioso tozali kosenga. Na maloba mosusu, "kobeta na ekuke na motema na Nzambe: etalisi kobika kolandisama na mibeko na Nzambe.

Na tango bokobetaka kati na zua na ekuke na motema na Ye, Nzambe Akotikala na kopamela biso te mpe Aloba ete, "Mpo nini bozali kobeta makasi boye?" Ezali mpenza bokeseni na yango. Nzambe Akosepela mpenza mingi na koleka mpe Akolinga kopesa biso nini tozali kosenga. Na boye, Nakolikia ete bino bokobeta na ekuke na motema na Nzambe na bizaleli na bino, bozwa nioso ezali bino kosenga, mpe bongo bopesa nkembo monene epai na Nzambe.

Bongo bino botikala kokanga ndeke na lance pierre? Nabanzi

lisusu koyoka epai na moko na baninga na tata na ngai, oyo apesaka na ngai toli mpona makoki na ngai mpona kosala moko na ba lance pierre Yango ezali eloko oyo ebongisami malamu na eteni na nzete mpe kobola libanga longwa na elastique oyo na pine ekangami na eteni na nzete na lolenge na Y.

Soki nasengelaki kokokisa Matai 7:7-11 na lance pierre, "senga" ekokani na kozwa lance pierre mpe libanga mpona kokanga ndeke. Bongo bosengeli na komikembisa na na makoki na kobola ndeke malamu. Bolamu nini lance pierre mpe libanga ekosala soki boyebaki te lolenge nini na kosalela yango ? Bokoki koluka komisalela nzela nini na kobeta yango mpe bomesana na lolenge na yango, bobanda komekaka kobeta na eloko moko, mpe boyeba mpe bososola lolenge nini eleki malamu mpona kokanga ndeke. Nzela oyo ezali lolenge moko na « luka'. Na kotangaka, kokamata Liloba na Nzambe, lokola mwana na Nzambe bosengeli sasaipi komibakisa na makoki na kozwa biyano na Ye.

Soki bomikembisi na makoki na kosalela lance piere oyo mpe bobandi kobeta yango malamu, bongo sik'awa bosengeli kobanda na kobeta mabanga bongo yango ekokani na "kobeta ekuke." Ata soki lance piere mpe libanga ebongisami, mpe ata soki bomikembisi na makoki mpona kosalela yango, soki botikalaki na kobeta yango te bokoka kokanga mpe ndeke te. Na maloba mosusu, kaka na tango tozali kobika kolandana na Liloba na Nzambe na oyo tomisalelaki lipa kati na motema na biso, nde tokoka kozwa nini ezali biso kokesenga Ye.

Kosenga, koluka, mpe kobeta na ekuke izali makambo makesana te kasi lisanga na ba nzela. Sasaipi boyebi mpona nini bozali kosenga, nini koluka, mpe esika wapi kobeta ekuke. Tika ete bino bokoka kopesa nkembo monene na Nzambe lokola ban aba Ye bapambolama lolenge bokozwaka biyano na ba mposa na motema kati na kosengaka na molende mpe nokinoki, kolukaka, mpe kobeta ekuke, na nkombo na Yesu Christu Nabondeli!

Chapitre 2

Bondima ete bosili kozua yango

Nazali koloba na bino solo ete soko moto nani akoloba na ngomba oyo ete, 'Longwa bwakama kati na mai monene, mpe akotia ntembe na motema na ye te, kasi akondima yango ezali ye koloba ekobima boye, ekosalama mpo na ye. Bongo Nazali koloba na bino solo ete biloko nioso bizali bino kobondela mpe kosenga, bondima ete bisili kozua yango mpe ikozala na bino.

(Malako 11:23-24)

1. Nguya Monene na Kondima

Mokolo moko, bayekoli na Yesu ba oyo bazalaki kokende kotika Ye bayokaki Molakisi na bango koloba na nzete na mosuke ete, "Nazali koloba na bino ete, soko bozali na kondima mpe bokobetaka tembe te, bokosalaka bobele oyo salami na mosuke te kasi ata bokoloba na ngomba oyo ete, 'Opikolama mpe obwakama kati na mai,mbe ekozala boye." (Matai 21:21).

Yesu mpe Alaki na biso ete, "Solo solo, Nazali koloba na bino ete ye oyo akondimaka Ngai, misala mizali Ngai kosala, akosala yango mpe lokola, mpe akosala yango ekoleka oyo mpo ete Nakokenda epai na Tata. Mpe likambo nini likolomba bino na nkombo na Ngai, Ngai Nakosala yango ete Tata Akumusama kati na Mwana. Soko bokolomba likambo nini na nkombo na Ngai, Ngai Nakosala yango." (Yoane 14:12-14), mpe "Soko bokoumela kati na Ngai, mpe maloba na Ngai makoumela kati na bino,, bosenga likambo nini lilingi bino mpe ekosalemela bino. Tata na Ngai Akokumusama na likambo oyo ete bobotaka mbuma mingi mpe boya bayekoli na Ngai." (Yoane 15:7-8).

Na mokuse mpo ete Nzambe Mokeli Azali Tata na ba oyo bandimeli Yesu Christu, bakoki komona ba mposa na mitema na bango koyanolama na tango bandimi mpe batosi Liloba na Nzambe. Kati na Matai 17:20 Yesu Alobeli na biso ete, "Mpona kondima na bino moke, Pamba te Nazali koloba na bino ete, 'soki bozali na kondima moke ata lokola mombuma na senapi, bokoloba na ngomba oyo ete, 'Tambola longwa awa kino esika kuna mpe ekotambola. Likambo moko te likoleka nguya na bino." Bongo, mpona nini ebele na bato bazangaka komona biyano na Nzambe mpe bapesa nkembo epai na Ye ata soki bakobondelaka na ba tango mingi? Tika ete biso totala lolenge nini tokoki kopesa nkembo epai na Nzambe na tango tozali kozwa nioso oyo tobondelaki mpona yango mpe tosengaki.

2. Kondimela Nzambe na nguya Nioso

Mpona moto kokamba bomoi na ye longwa na mokolo na mbotama na ye, akozala na bosenga nan a biloko, bilamba, ndako mpe bongo na bongo. Kasi, eloko na motuya koleka mpona kokamba bomoi na ye ezali mpema; ekondimelaka bozali na moto kati na bomoi mpe kokomisa kobika ezala na ntina. Na tango bana na Nzambe ba oyo bandimela Yesu Christu mpe babotama sika esengaka mpe makambo mingi kati na bomoi, ya motuya koleka kati na bomoi na bango ezali kobondela.

Kobondela ezali nzela na lisolo na Nzambe oyo Azali Molimo mpe lokola kopema mpona molimo na biso. Lisusu, kobondela ezali mpe nzela mpona kosenga Nzambe mpe na kozwa biyano na Ye, eloko na motuya koleka kati na kobondela ezali motema na oyo tondimeli Nzambe na Nguya Nioso. Kolandisama na lolenge nini oyo moto andimeli Nzambe mpe akobondelaka, akoyeba ete elingi koyanolama epai na Nzambe mpe ye akozwa biyano kolandisama na kondima na ye.

Sasaipi nani ezali Nzambe oyo totielaka kondima na biso?

Na komitalisa Ye moko kati na Emoniseli 1:8, Nzambe Alobaki ete, "Ngai Nazali Alifa mpe Omega, Ye oyo Azalaki mpe Akozala, Oyo-na –Nguya –Nioso." Nzambe oyo Atalisami kati na Kondimana na Kala Azali Mokeli na nioso kati na univer (Genese 1:1-31) mpe Akabolaka Mai-na Monana Motane mpe na sima Andimelaki Bayisalele ba oyo balongwaki Ejipito mpona kokatisa yango (Esode 14:21-29). Na tango Bayisalele batosaki mobeko na Nzambe mpe batambolaki zingazinga mboka na Yeliko mpona mikolo sambo mpe bapesaka mongongo makasi, ba efelo na Yeliko eye imonanaki lokola ikoki kobebisama te eyaki na kobukana (Yosua 6:1-21). Na tango Yosua abondelaki epai na Nzambe kati na etumba na Bamola, Nzambe Atelemisaki moi, mpe sanza mpe etelemaki esika moko (Yosua 10:12-14).

Kati na Kondimana na Sika, Yesu, Mwana na Nzambe na Nguya Nioso, Asekwisa mokufi kati na nkunda (Yoane 11:17-44), Abikisaki bokono nioso mpe malali (Matai 4:23-24), Afungolaka miso na mokufi miso (Yoane 9:6-11), mpe atelemisaki mobosono mpe ye atambolaki lisusu (Misala 3:1-10). Abenganaka mpe mapinga na moyini zabolo mpe milimo mabe kaka na Liloba na Ye (Malako 5:1-20) mpe na mapa mitano mpe mbisi mibale, Apesaki bilei esengeli mpona bato 5,000 mpo ete balia mpe basepela (Malako 6:34-44). Lisusu, na kokitisa mopepe mpe ba mbonge, Atalisaki na biso mpenza ete

Ye Azali motambwisi na biloko nioso kati na univer (Malako 4:35-39).

Na boye, tosengeli kondimela Nzambe na Nguya –Nioso oyo Apesaka na biso makabo malamu kati na ebele na bolingo. Yesu Alobaka na biso kati na Matai 7:9-11 ete, "Nani kati na bino soki mwana na ye akosenga ye lipa, akopesa ye libanga? Soko akosenga mbisi, akopesa ye nyoka? Boye, soko bino bato mabe, boyebi kopesa bana na bino makabo malamu, Tata na bino na Likolo akoleka te kopesa biloko malamu na bango bakolombaka Ye?" Nzambe na bolingo Alingi kopesa biso bana na Ye makabo maleki kitoko.

Kati na bolingo na ye ezanga suka Nzambe Apesaki biso Mwana na Ye se moko na likinda. Nini te Ye Akoka te kopesa na biso? Yisaya 53:5-6 elobi na biso ete, "Kasi Azokisami mpo na masumu na biso, Atutami mpona mabe na biso; etumbu oyo eyeiseli biso kimia etiami epai na Ye, mpe na mapipi na Ye, biso tobikisami. Biso nioso topengwi lokola bampate; tobongwani moto na moto na nzela na ye moko; mpe YAWE Atieli Ye masumu na biso nioso." Na nzela na Yesu Christu Nzambe Abongisa mpona biso, kozwi bomoi kolongola bison a kufa, mpe tokoki kosepela kimia mpe kobikisama.

Soki bana na Nzambe bazali kosalela Nzambe na nguya Nioso mpe na bomoi lokola Tata na bango mpe bandimi ete Nzambe Asalaka ete makambo nioso esala malamu mpona bango nioso bakolingaka Ye mpe Ayanolaka ba oyo bazali konganga epai na Ye, basengeli te komitungisama to mpe bakoma na kobanzabanza na tango na komekama mpe na kokoso, kasi, basengeli kopesa matondi, kosepela, mpe kobondela.

Yango "ezali kondimela Nzambe" mpe Asepelaka komona mosala na kondima na moto. Nzambe mpe ayanolaka biso kolandana na kondima na biso mpe na kotalisa biso elembo na bozali na Ye, Nzambe Apesaka biso nzela na kopesa nkembo epai na Ye.

3. Senga kati na Kondima mpe Kobeta Tembe Te

Nzambe Mokeli na ba likolo, mookili, mpe bato Andimela moto ete akoma Biblia mpo ete mokano na Ye mpe bonnzambe eyebana epai na banso. Na tango nioso, Nzambe mpe Amitalisaka Ye moko epai na ba oyo bandimeli mpe batosaka Liloba na Ye, mpe Amonisaka epai na biso ete Azali na bomoi mpe na Nguya-Nioso na nzela na kotalisama na bikamwa na bilembo mpe na bikamwiseli.

Tokoki kondimela Nzambe na Nguya Nioso kak na kotala kokela na Ye (Baloma 1:20) mpe kopesa nkembo na Nzambe na kozwaka biyano na Ye na mabondeli na biso kolandisama na kondima na biso kati na Ye.

Ezali na "kondima na mosuni" na oyo tokoki kondima mpo ete boyebi na biso to likanisi endimami na Liloba na Nzambe mpe "kondimana molimo," lolenge na kondima na oyo tokoki kozwa biyano na Ye. Na tango oyo Liloba na Nzambe elobeli biso ekoki kosalema ten a tango epimami na mayebi na moto mpe makanisi, na tango tozali kosenga Ye kati na kondima epai na Ye, Nzambe Akopesa na biso kondima mpe lolenge na koyeba. Makambo oyo masangani kati na eyano mpe yango kondima na molimo.

Na bongo, Yakobo 1:6-8 elobi na biso ete, "Kasi Asenga na kondima, abeta tembe te mpo ete oyo abetaka tembe azali lokola mbonge na mai kopusama na mopepe mpe kotambola-tambola epai na epai. Moto na motindo yango abanza te ete akozua eloko epai na Nkolo; ye mobali na mitema mibale na kolemalema na bitambweli na ye nioso."

Kobeta tembe ebanda na mayebi na bato, makanisi, kowelana, mpe komikanisa, mpe yango ememelama bison a moyini zabolo. Motema na kobeta tembe ezali na mayele mibale mpe na kilikili, mpe Nzambe Ayinaka yango mingi koleka. Boni somo ekozala soki bana na bino bakoki kondima te kasi bazali kobeta tembe soki bozalaki ba tata na bango to mama babota bango? Na lolenge moko, lolenge kani Nzambe Akoka koyanola mabondeli na bana na Ye soki bango bakoki kondimela Ye te ete Azali Tata na bango, ata soki Abota bango mpe Akolisa bango?

Tobanzasisami ete "Mpo ete motema motiami epai na nzoto ezali moyini na Nzambe. Eyebi kotosa mibeko na Nzambe te; ekoki mpe kosalaka boye te. Bango bazali kotia motema na makambo na nzoto bayebi kosepelisa Nzambe te » (Baloma 8

:7-8), mpe esengi na 'Tozali kokweisa maloba mpe bisika milai nioso bizali kotelemela boyebi na Nzambe. Tozali kokanga makanisi nioso na nkanga été matosa Christu" (2 Bakolinti 10 :5).

Na tango kondima na biso embongwani na kondima na molimo mpe tozali kobeta tembe tea ta moke te, Nzambe Akosepelaka mpenza mpe Akopesa eloko nioso tozali kosenga. Na tango ezala Mose to mpe te Yosua abetaki tembe kasi basalaki kaka kati na kondima, bakokaki kokabola Mai Monana Motane, bakatisa Ebale na Yaladene, mpe kokweisa efelo na Yeliko. Na lolenge moko, na tango bozali koloba na ngomba ete, "pikolama mpe bwakama kati na mai" mpe bokobeta tembe te kati na motema kasi bondimi ete oyo elobi bino ekosalema, ekosalamela bino.

Toloba ete bolobi na ngomba na Himalaya ete, "Kende, mibwaka yo mpenza kati na Ocean Indien." Bino bokozwaka eyano na libondeli na bino? Ezali solo ete mobulu monene kati na mokili mobimba ekolanda soki Ngomba na Himalaya ebwkami solo kati na Ocean Idien. Mpo ete yango ekoki te mpe ezali mokano na Nzambe te, libondeli na lolenge oyo ekoyanolama tea ta bokobondelaka mbala boni, mpo ete ekopesa na bino kondima na molimo ten a oyo bokoki kondimela Ye.

Soki bozali kobondela mpona kokokisa eloko eye ezali kotelemela mokano na Nzambe, lolenge na kondima oyo bokoki kondima kati na motema ekoyela bino te. Bokoki kondima na ebandeli ete libondeli na bino ekoki koyanolama kasi na koleka na tango, ntembe ekobanda na kokola. Kkaa na tango tobondeli mpe tosengi kolandana na mokano na Nzambe ata kobeta tembe tea ta moke te nde tokozwa biyano. Na boye, soki libondeli na bino eyanolami naino te, bosengeli kososola ete ezali mpo ete bosengaki mpona eloko eye ekotelemelaka mokano na Nzambe to mpe bozali na mbeba mpona kobeta tembe na Liloba na Ye.

Kati na Yoane 3:21-22 elobeli biso ete, "Balingami soko mitema na biso mikokweisaka biso te, tozali na molende liboso na Nzambe mpe soko tokolomba eloko nini, tokozua yango epai na Ye mpo ete tokokokisa malako na Ye mpe tokosalaka makambo mazali malamu na miso na Ye."

Bato oyo batosaka mibeko na Nzambe mpe basalaka oyo esepelisaka Ye basengaka te mpona biloko ikotelemelaka mokano na Nzambe. Tokoki kozwa eloko nioso ekosenga biso kaka soki libondeli na biso ezali kolandana na mokano na Ye. Nzambe Alobi na biso ete, "Niso mpona oyo bozali kobondela mpe bosengi, bondima ete bosili kozwa yango, mpe ekopesamela bino."

Na bongo, mpona kozwa biyano na Nzambe, bosengeli naino kozwa epai na Ye kondima na molimo eye Apesaka bino na tango bozali kosala mpe kobika kolandisama na Liloba na Ye. Lolenge bozali kokweisa kowelana nioso mpe maloba makotelemelaka mayebi na Nzambe, tembe ekolimwa mpe bokoya na kozwa kondima na molimo, na bongo kozwaka eloko nioso bozali kosenga.

4. Nioso mpona Oyo Bozali kobondela mpe kosenga, bondima ete bosili kozwa yango

Mituya 23:19 elobi na biso ete, "Nzambe Azali moto te ete Akata lokuta, mpe mwana na moto te ete Abongola motema. Asili koloba mpe Akosala yango te? To, asili kopesa monoko mpe Akokokisa yango te?"

Soki solo bondimeli NzambeSoki solo bondimela Nzambe, bosengi na kondima, mpe bobeti tembe te ata moke te, bosengeli bosili kozwa nioso mpona oyo bosengaki mpe bolombaki. Nzambe Azali na Nguya Nioso mpe sembo, mpe Alaki na biso ete Akoyanola biso.

Bongo, mpo nini, bato mingi balobaka ete bazanga kozwa biyano na Ye ata bazali kobondela kati na kondima? Ezali mpo ete Nzambe Ayanolaki bango te? Bongo te. Nzambe Ayanola solo mabondeli na bango kasi yango ekozwaka tango mpo ete naino bamoibongisi te lokola biluku ikoki kofandisa biyano na Ye.

Na tango mosali bilanga aloni ba nkona, andimaka été akobuka mbuma kasi akoki te kosangisa ba mbuma na mbala moko. Sima na ba nkona kolonama, ikobima, ikobimisa fololo, mpe ikobota mbuma. Ba nkona misusu ikozwaka tango molai mpona kobota ba mbuma koleka misusu. Lolenge moko, nzela na mpona kozwa biyano na Nzambe esengaka kolona oyo mpe kokolisama oyo.

Toloba ete motango moko abondeli ete, "Ndimela ngai ete nakota mpe natanga na Universite na Havard. » Soki abondelaki kati na kondima na nguya na Ye, solo Nzambe Akoyanola libondeli na motangi. Kasi, eyano na libondeli na ye ekoki tango mosusu koya na mbala moko te. Nzambe Akobongisa motangi mpo été akola mpe kozala eluku esengeli mpona mpona biyano na Ye mpe na sima na tango. Akoyanola libondeli. Nzambe Akopesa na ye motema na kotanga makasi mpe na molende mpo été akoka kozwa malamu mingi na kelasi. Na lolenge motangi akokoba na kobondela, Nzambe Akolongola kati na bongo na ye makanisi na mosuni mpe Akopesa na ye bwanya mpe pole na kotanga mingi na koleka. Kolandana na misala na motangi, Nzambe Akotambwisa makambo nioso kati na bomoi na Ye ete etambola malamu mpe Akopesa na motangi makoki mpona kokota na Harvard mpe na tango ngoga ekoya, Nzambe Akondimela ye ete akota na Harvard.

Likambo moko esalemaka na bato oyo babetami na bokono. Lolenge bazali koyekola na nzela na Liloba na Nzambe mpo nini bokono ekoyelaka moto mpe lolenge nini bakoki kobika, na tango bazali kobondela kati na kondima bakoki kozwa kobikisama. Basengeli na koyeba efelo na masumu eye etelemi kati na bango mpe Nzambe mpe bazinga na ebandeli mpenza na bokono. Soki bokono eyaki mpona koyina, basengeli kolongola koyina mpe babongola motema na bango na motema oyo na kolinga. Soki bokono eyaki likolo na kongala na bango, basengeli kozwa epai na Nzambe nguya na komikanga mpe babongisa ezaleli na bango mabe. Kak na nzela kosalaka boye nde Nzambe Akopesa kondima na wapi bango bakoki kondima mpe Abongisa bango na kozala biluku misengela mpona kozwa biyano na Ye.

Kobondelaka mpona bofuluki ekeseni ten a likambo na likolo. Soki bozali kobondela mpona kozwa mapamboli kati na bombongo na bino, Nzambe Akotia bino naino kati na momekano mpona kokoma eluku ekoki na lipamboli na Ye. Akopesa na bino bwanya mpe nguya mpo ete makoki na bino na kotambwisa bombongo etalisama mpenza, mpo ete bombongo na bino ekoyeisama monene, mpe mpo ete bokoma na esika na kokamwisa kati na bombongo na bino. Akotambwisa bino na kokoma baton a kotiela motema, mpe Akomatisa etape na etape lifuti na bino, mpe Akokembisa bombongo na binoo. Na tango na kopona na Ye ekobelema, Akoyanola kaka lolenge ebondelaki bino.

Na nzela na kolona wana mpe na kokolisa wana, Nzambe Akotambwisa molimo na bino ekende liboso mpe Akotia bino kati na momekano mpona kokomisa bino eluku esengela mpona kozwa nininini esengaki bino epai na Ye. Na boye, bosengeli soko te kozanga kimia kolandisama na likanisi na bino moko.

Esika na yango, bosengeli komikotisa kati na tango na Nzambe mpe bozela tango na Ye, kati na kondimaka ete bosilaka kozwa biyano na Ye.

Nzambe na Nguya Nioso, kolandisama mobeko na molimo, Ayanolaka bana na Ye kati na bosembo na Ye mpe Asepelaka na tango basengi Ye kati na kondima. Baebele 11:6 elobeli biso ete, "Soki kondima te, ekoki kosepelisa Nzambe te. Mpo ete ekoki na babelemi na Nzambe kondima ete Azali mpe ete Akozongisa libonza epai na bango bakolukaka Ye.

Tika ete bino bosepelisa Nzambe na kozalaka na kondima na lolenge oyo na wapi bokoki kondima ete bosilaki kozua nioso esengaki bino kati na kobondela mpe bopesa nkembo monene epai na Ye na kozwaka nioso mpona oyo bosengaki, na nkombo na Nkolo na biso Nabondeli!

Chaptire 3

Lolenge na Libondeli eye Esepelisaka Nzambe

Abimaki mpe Akendaki na ngomba na Bilaya pelamoko na motindo na Ye,
mpe bayekoli babilaki Ye. Esilaki Ye kokoma na esika yango, alobaki na bango ete, 'Bondela ete bokota kati na komekama te.
Ye Alongwaki na bango mwa mosika, lokola moto akobwaka libanga,
Angumbaki mabolongo, Abondelaki ete,
'Tata, soko Okani boye, longola kopo oyo na Ngai, kasi mokano na Ngai esalema te bobele mokano na Yo.
Mwanje na likolo Amonanaki na Ye kokembisa Ye.
Azalaki na mpasi monene, mpe Abondelaki makasi, koleka, mpe kotoka na Ye ezalaki lokola matanga minene na makila kokweya na mabele.

———⋙———

(Luka 22:39-44)

1. Yesu Atiaki Ndakisa na Kobondela Esengelama

Luka 22:39-44 etalisi esika wapi Yesu Abondelaki na Gesemane butu liboso na Ye komema ekulusu mpona kofungola nzela mpona lobiko na bato nioso. Makomi oyo eyebisi biso mpona makambo mingi matali ezaleli nini mpe motema tosengeli kozala na yango na tango tozali kobondela.

Lolenge nini Yesu Abondelaki mpo ete Amema kaka ekulusu na bozito te mpe Alonga moyini zabolo? Motema na lolenge nini oyo Yesu azalaki na yango na tango Abondelaka mpo ete Nzambe Asepela na kobondela na Ye mpe Atinda Mwanje na Lola mpona kopesa na Ye makasi?

Kolandisama na biteni oyo, tika biso tozinda kati na ezaleli esengela kati na kobondela mpe libondeli na lolenge nini na oyo Nzambe Asepelaka na yango, mpe nasengi na moko na moko kati na bino kotala bomoi nay o moko na mabondeli.

1) Yesu Ameseneke na Kobondela

Nzambe Alobela biso ete tobondelaka na kotika te (1 Batesaloniki 5:17) mpe Alakaki na biso kopesa bison a tango tozali kosenga epai na Ye (Matai 7:7).

Ata soki ezali malamu kobondela tango nioso mpe kosenga ba tango nioso, bato mingi babondelaka kaka na tango balingi kozwa eloko mpe na tango bazali na likambo.

Ata bongo, Yesu Abimaki mpe asalaki lokola ezalaki ezaleli na Ye na Ngomba na Bilaya (Luka 22:39). Mosakoli Daniele akobaki na kofukama mbala misato mpona kobondela mpe kopesa matondi liboso na Nzambe, lolenge azalaki kosala na mikolo liboso (Daniele 6:10), mpe bayekoli babale' bayekoli Petelo mpe Yoane bazalaki kotia tango pembeni kati na mokolo mpona kobondela (Misala 3:1).

Tosengeli kolanda elembo mpe kokolisa ezaleli na Yesu mpona kotia tango moko na pembeni mpe kobondela na kotika te mokolo na mokolo. Nzambe Asepelaka mingi na mabondeli na ntongontongo esika wapi batikaka nioso na maboko na Nzambe na ebandeli na mokolo na mokolo mpe mabondeli nab utu esika wapi bapesaka matondi mpona kobatelama na Nzambe kati na mokolo na nsuka na mokolo nioso. Na nzela na mabondeli oyo bokoki kozwa nguya na ye monene.

2) Yesu Afukamaka mpona kobondela

Na tango bofukami, motema na oyo bozali etelemi ngwi mpe bozali kotalisa komikitisa epai na bato bozali kosolola na bango. Ezali kaka bongo mpona moto nioso oyo azali kobondela epai na Nkolo afukama na tango ezali ye kobondela.

Yesu Mwana na Nzambe Abondelaki na ezaleli na komikitisa na tango ezalaki Ye kofukma mpona kobondela Nzambe na Nguya-Nioso. Mokonzi Solomo (1 Bakonzi 8:54), ntoma Paulo (Misala 20:36), mpe Diacre Setefano oyo akufaka lokola mobomami (Misala 7:60) bango nioso bafukamaka na tango bazalaki kobondela.

Na tango tosengaka baboti na biso to mpe moto na bokonzi mpona lisungi to mpe biloko elingi biso kozwa, tokomaka na moto moto mpe tozwaka ba precaution nioso mpona komipekisa na kosalaka ba mbeba. Boni bongo, lolenge nini bongo tosengeli komonana na bolembu kati na makanisi mpe na nzoto soki toyebi ete tozali koloba na Nzambe Mokeli? Kobeta mabolongo ezali elembo na motema eye ezali kobanga Nzambe mpe etii elikia na nguya na Ye. Tosengeli komibongisa biso mpenza mpe kobeta mabolongo kati na komikitisa na tango tozali kobondela.

3) Yesu Abondelaki kolandisama na mokano na Nzambe

Yesu Abondelaki epai na Nzambe ete, "Kasi mokano na Ngai te, kasi ya Yo esalema" (Luka 22:42). Yesu Mwana na Nzambe Ayaka kati na mokili mpona kokufa na ekulusu na nzete ata soki Azalaki na mbeba te mpe na mpamela te. Yangi ntina Abondelaki ete, "Tata, soki ekolinga Yo, Longola keni oyo na Ngai." Kasi Ayebaki mokano na Nzambe yango ezalaki kobikisa bato nioso na nzela na moto moko, kasi Abondelaki mpona bolamu na Ye moko te kasi kaka kolandisama na mokano na Nzambe.

1 Bakolinti 10:31 elobi na biso ete, "Boye, soko bokoliaka soko bokomelaka, soko bokosalaka nini, bosala nioso mpona nkembo na Nzambe." Soki tokosenga mpona eloko oyo ezali mpona nkembo na Nzambe te kasi mposa mabe, tozali kopesa bosenga esengela te; tosengeli kaka kobondela kolandisama na mokano na Nzambe. Lisusu, Nzambe Alobeli biso tobatela kati na bongo nini tomoni kati na Yakobo 4:2-3, "Bokolukaka nde bokozuaka te; bokoboomaka mpe bokoyokaka zua, nde boyebi

kozua te. Bokoswanaka mpe kokobundaka etumba nde bokozuaka tempo bokolombaka te. Ata bokosengaka, bokokamataka te mpo mpo ete bokosengaka na nzela mabe mpo na kobebisa yango na mposa na bino mabe. Boye tosengeli kotala sima mpe tomona soki tozali kobondela kaka mpona bolamu na biso moko.

4) Yesu Abundaki kati na kobondela

Kati na Luka 22:44, tokoki komona lolenge nini kati na sembo Yesu Abondelaki ete, "Azalaki na mpasi monene, mpe Abondelaki makasi, koleka, mpe kotoka na Ye ezalaki lokola matanga minene na makila kokweya na mabele."

Tango esika na Getesemane wapi Yesu Azalaki kobondela ezalaki kokita mpenza kati na butu nde boye ekozala pasi ata mpona kotoka. Sasaipi, bokoki kokanisa boni boni ebondelaki Yesu kati na kobundana mpe na bosembo mpo ete motoki na Ye ekoma lokola matanga na makila kokweyaka na mabele? Soki Yesu Abondelaka kati na kimia, ekokaki Ye kobondela makasi mingi mpenza kino Akoka kotoka? Lokola Yesu Azali konganga epai na Nzambe na motema moko mpe makasi mpenza, Motoki na Ye ekoma lokola matanga na makila kokweyaka na mabele."

Kati na Genese 3:17 Nzambe Ayebisi na Adamu ete, "Mpo ete oyoki mongongo na mwasi nay o, mpe osili kolia mbuma na nzete epekisaki Ngai yo ete, 'Okolia yango te'; mokili elakami mabe na ntina nay o. Okolia na yango na mawa mikolo nioso na bomoi na yo." Liboso na moto kolakelama mabe, abikaki bomoi kati na bofuluki na biloko nioso Nzambe Apesaka na ye. Na tango lisumu ekotaki ye na nzela koboya kotosa na ye Nzambe, lisolo na ye na Mokeli etikaki, nde kaka na nzela na kotoka na pasi akokaki sik'awa kolia.

Soki oyo ekoki kosalema mpona biso ekoki kaka kosilisama na nzela na kotoka na pasi, nini esengeli na biso kosala na tango tozali kosenga Nzambe mpona eloko tokoki kosala te? Tika ete bokanisa ete kaka na konganga epai na Nzambe kati na kobondela, kotoka na pasi, mpe motoki nde tokoki kozwa eloko elingi biso epai na Nzambe. Lisusu, bobatela kati na bongo lolenge nini Nzambe Alobelaki na biso ete kotoka na pasi mpe molende esengelaki mpona kobota mbuma mpe lolenge nini Yesu Ye moko atokaki kati na pasi mpe Abundaka kati na kobondela. Bobatela yango na ba bongo na bino, bosala kaka oyo esalaki Yesu, mpe bobondela na lolenge oyo ezali kosepelisa Nzambe.

Kino sasaipi totali lolenge nini Yesu, oyo Akoma ndakisa na kobondela esengela, Abondelaka. Soki, Yesu oyo Azalaki na bokonzi nioso, Abondelaki kino na esika na kokoma ndakisa, na ezaleli nini biso bikelamo pamba na Nzambe, tokobondela? Lolenge na komonana libanda mpe na moto kati na kobondela etalisaka motema na ye. Na boye, motema na lolenge nini tozali kobondela ekoki kozala lolenge moko na motuya na ezaleli oyo tozali kobondela na yango.

2. Ya motuya kati na Libondeli oyo esepelisaka Nzambe

Na motema na lolenge nini tosengeli kobondela na yango mpo ete esepelisa Nzambe mpe Ye Akoyanola libondeli na biso?

1) Bosengeli kobondela na motema mobimba

Toyekoli na lolenge nini Yesu Abondelaka libondeli wana longwa na motema na moto oyo atalisi ezaleli wapi akobondelaka epai na Nzambe.

Totala libondeli na Yakobo kati na Genese 32. Na Libeke na Yaboki liboso, Yakobo amimonaki kati na kokoso. Yakobo akokaki kozonga sima te mpo ete asalaki kondimana na noko nan a ye Laba ete akoki te kokatisa mondelo ebiangama Galeda. Akokaki kokatisa Yaboki na ngambo mosusu, esika wapi, ndeko na ye mobali Esau azalaki kozela ye elongo na babali 400 mpona kokanga Yakobo. Ezalaki na tango oyo na kozanga elikia nde lolendo na Yakobo mpe komitalisa oyo ye azalaki kotiela elikia ebebisamaki mpenza. Yakobo ayaka kososoola na suka ete kaka na tango atikaka nioso na ye epai na Nzambe mpe asimbaki motema na ye nde likambo oyo ekokaki kosilisama. Na lolenge Yakobo abundaki kati na kobondela na ye kino mokwa na loketo na ye kobuukana, ayaka na kozwa eyano na Nzambe. Yakobo akokaki koningisa motema na Nzambe mpe azongisa boyokani na ndeko na ye oyo azalaki kozela ye mpona kosukisa ye.

Botala malamu kati na 1 Mikonzi 18 esika wapi Mosakoli Eliya azwaki eyano na moto na Nzambe" mpe apesaki nkembo monene epai na Nzambe. Na tango kosambela bikeko elutaki kati na bokonzi na Ahaba, Eliya ye moko atelemelaki basakoli 450 na Bala mpe akweisaki bango na kokitisa biyano na Nzambe liboso na Bayisalele mpe akomaki motatoli na Nzambe na Bomoi.

Yango ezalaki tango wapi Ahaba akanisaki ete Elia esengeli na mpamela mpona bokauki na mbula misato na ndambo ebetamaki na Yisalele mpe azalaki kolukisa mosakoli. Kasi na tango Nzambe Apesaki motinndo na Eliya ete akende liboso na Ahaba, mosakoli atosaki nokinoki. Lolenge mosakoli akendaka liboso na mokonzi oyo azalaka koluka na koboma ye, mpe alobaki na molende nini Nzambe Azalaki koloba na nzela na ye, mpe abalolaki nioso na nzela na kobondela na kondima eye ezalaki na tembe moko te, mosala na tuubela etalisamaki mpona bato oyoo bazalaki kosambela bikeko lolenge bazongelaki Nzambe. Lisusu, Elia akitaki nan se mpe mpe atiaki elongi na ye katikati na mabolongo na ye nna tango abondelaki makasi mpona ye kokitisa mosala na Nzambe na mokili mppe asukisa kokauukka eye etungisaka mokili mpona ba mbula misato mpe ndambo (1 Mikonzi 18:42).

Nzambe na biso asosolisi biso kati na Ezekiele 36:36-37 ete, "'Ngai, YAWE Nasili koloba yango, mpe Nakosala yango.' Nkolo YAWE Alobi boye ete, 'Nakotika ndako na Yisalele kobondela Ngai ete Nasala oyo mpo na bango lokola." Na maloba mosusu, ata soki Nzambe Alakaki Eliya mbula makasi kati na Yisalele, mbula yango makasi ekokaki te kobeta soki libondeli makasi ten a Eliya longwa mpenza na motema na ye mobimba. Libondeli longwa na motema na biso ekoki solo koningisa mpe kokamwisa Nzambe, oyo Akoyanola biso na mbala moko mpe Akondimela biso ete topesa nkembo epai na Ye.

2) Bosengeli konganga epai na Nzambe kati na kobondela

Nzambe Alaki na biso ete Akoyoka biso mpe Akokutana na bison a tango tobeleli epai na Ye mpe toyei na kobondela epai na Ye mpe toluki Ye na motema na biso mobimba (Yelemia 29:12-13; Masese 8:17). Kati na Yelemia 33:3 Alaki mpe na biso ete, "Bianga Ngai mpe Nakozongisela yo monoko, Nakomonisa mpe yo makambo minene mpe oyo ibombami oyo yo oyebaki te."

Tina Nzambe Alobi na biso tonganga epai na Ye kati na libondeli ezali ete na tango tozali konganga epai na Ye kati na kobondela na mongongo makasi, tokokoka kobondela na motema na biso mobimba. Na koloba mosusu, na tango tozali konganga kati na kobondela, tokopekisama na makanisi na mokili, kolemba, mpe konimba mpe makanisi na biso moko ekozwa esika te kati na makanisi na biso.

Kasi, ebele na magomba bandimaka mpe bazali kolakisa balingami na bango ete kozala kimia kati na ndako na Nzambe ezali "bonzambe" mpe "bulee." Na tango balingami misusu bazali konganga epai na Nzambe na mongongo makasi, ndambo na lingomba ezali na kimia na kokanisaka ete ezali sembo te mpe bakokatelaka ata bango lokola bapengwisi. Kasi, oyo esalemaka na kozanga koyeba Liloba na Nzambe mpe mokano na Ye.

Mangomba na ebandeli, ba oyo batalisaka misala minene na nguya na Nzambe mpe bolamuki, bakokaki kosepelisa Nzambe kati na kotondisama na Molimo Mosantu lolenge ezalaki bango kotombola mongongo epai na Nzambe na likanisi moko (Misala 4:24). Ata lelo, tokoki komona lolenge kani ebele na bilembo mpe bikamwiseli mizali kotalisama mpe lolenge nini bazali kobika bolamuki makasi kati na mangomba oyo bakongangaka epai na Nzambe na mongongo makasi mpe bazali kolanda mpe kobika kati na mokano na Nzambe.

Konganga epai na Nzambe elakisi na kobondela Nzambe na libondeli makasi mpe na mongongo emata. Na nzela na libondeli na lolenge oyo, bandeko babali mpe na basi kati na Christu bakoki kotondisama na Molimo Mosantu mpe, lokola mapinga na kotungisa na motini zabolo makobenganama, bakoki kozwa biyano kati na mabondeli na bango mpe makabo na molimo.

Kati na Biblia ezali na ebele na makomi na bisika wapi Yesu mpe ebele na batata kati na kondima bangangaki epai na Nzambe na mongongo motombolami likolo mpe bazwaki biyano.

Tika biso totala mwa ndambo na ba ndakisa kati na Kondimana na Kala.

Kati na Esode 15:22-25 ezali na esika wapi Bayisalele, sima na bango kolongwa Ejipito ntongo makasi, bakatisaki Mai Monana

Motane na malamu, makolo kotambola sima na kokabolama na yango mpona kondima na Mose. Kasi mpo ete kondima na Yisalee ezalaki moke, bayimakiyimaki mpona Mose na tango bango bakokaki te kozwa eloko na komela lolenge ezalaki bango kokatisa lisobe na Shur. Na tango Mose angangaki epai na Nzambe, main a bololo na Mala embongwanaki kitoko.

Kati na Mituya 12 ezalina esika wapi Miliama ndeko Mwasi na Mose akomaki na mbala sima na ye koloba mabe mpona ye. Na tango Mose angangaki epai na Nzambe na kolobaka ete, "E, Nzambe bikisaye, nabondeli Yo."Nzambe Abikisaki Miliama na mbala na ye.

1 Samuele 7:9 totangi ete, "Samuele akamataki mwana na mpate oyo azali naino konunga mabele mppe akabaki yango lokola mbeka na kotumba mobimba liboso na YAWE.Samuele Angangelaki YAWE mpona Yisalele mpe YAWE Azongiselaki ye."

1 Mikonzi 17 ezali lisolo na mwasi mokufeli mobali na Salepata oyo atalisaki bolamu epai na Eliya mosali na Nzambe. Na tango mwana na ye abelaki mpe akufaki, Elia angangaki epai na Nzambe mpe alobaki ete, "E YAWE Nzambe na ngai, Tika ete molimo na mwana oyo aya lisusu epai na ye." Nzambe Ayokaki libondeli na Eliya, mpe bomoi na mwana ezongaki epai na ye mpe azongelaki kobika (1 Mikonzi 17:21-22). Na tango Nzambe Ayokaki kolela na Eliya, tomoni ete Nzambe Ayanolaki libondeli na mosakoli.

Yona oyo amelamaki epai na mbisi monene mpe akangamaki kati na yango mpona kozanga kotosa Nzambe, azwaki mpe lobiko lolenge ezalaki ye konganga epai na Nzambe kati na kobondela. Kati na Yona 2:2 tomoni ete na tango abondelaki ete, "Nabiangaki epai na YAWE mpona mpasi na ngai, mpe Ye Azongiselaki ngai; longwa na libumu na ewelo nangalaki, mpe Ayokaki mongongo na ngai." Nzambe Ayokaki kolela na ye mpe Abikisaki ye. Ata likambo yango nini tozwami na yango ekoki komonana mabe mpe mpasi lokola na Yona, Nzambe Akopesa na biso bosenga na motema na biso, koyanola biso, mpe Akopesa na biso eyano na makambo na tango totubeli na mabe na biso nioso na miso na Ye mpe tongangi epai na Ye.

Kondimana na Sika mpe etondisami na bisika wapi bato bakongangaka epai na Nzambe.

Kati na Yoane 11:43-44, tomoni ete Yesu Angangaki na mongongo makasi ete, "Lazalo, bima," mpe moto oyo akufaki abimaki, maboko mpe makolo makangama na bilamba, mpe elongi na ye ezipamaki na elamba. Ekokaki kozal na bokeseni te epai na mokufi Lazolo soko Yesu Abiangaki na mongongo makasi to mpe Alobaka nan se epai na ye. Kasi, Yesu Azalaki kobelela Nzambe na mongongo makasi, Yesu Amemaki Lazalo, oyo nzoto ezalaki kati na nkunda mikolo 4, azongela bomoi kati na kobondela na Ye koolandisama na mokano na Nzambe mpe Atalisaka nkembo na Nzambe.

Malako 10:46-52 elobeli biso kobika na molombi mokufi miso na nkombo na Balatimai:

"Ezalaki Ye kolongwa na Yeliko na bayekoli na Ye elongo mpe ebele monene na bato lokola, Balatimai, mwana na Timai, ye moongi akufi miso, azalaki kofanda pembeni na nzela. Eyoki ye ete Yesu na Nasalete Azalaki kuna, abandi konganga ete, 'Yesu Mwana na Dawidi, yokela ngai mawa! Bato mingi bapameli ye ete azala nye. Kasi angangi koleka ete, 'Mwana na Dawidi yokela ngai mawa! Yesu Atelemi mpe Alobi ete, 'Bianga ye.' Mppe babiangi moto oyo akufa miso, balobi na ye ete 'Yika mpiko, Telema, Azali kobianga yo. Abwaki elamba na ye monene, apombwi ayei epai na Yesu. Yesu Alobi nay ye ete, 'Ozali na mposa ete Nasalela yo nini? Moto oyo Akufa miso alobi na Ye ete, 'Rabouni, ete namona lisusu. Yesu Alobi na ye ete, 'Kenda nay o; Kondima nay o esili kobikisa yo. Nokinoki amoni lisusu mpe abili Ye na nzela."

Kati na Misala 7:59-60, lokola Diacre Setefano azalaki kobetama mabanga kino kufa lokola mobomami, abelelaki Nkolo mpe Alobaki ete, "Nkolo Yesu, yambo molimo na ngai!" Bongo kokweya na mabolongo na ye, angangaki na mongongo makasi ete, "Nkolo, Tangela bango mabe oyo te!"

Mpe etangami kati na Misala 4:23-24; 31 ete, "Esilaki bango kopesama nzela [Petelo na Yoane], bakei epai na bato na bango mpenza, mpe basangeli makambo nioso malobi banganga minene mpe mikolo na mboka. Eyokaki bango bongo, batomboli mingongo epai na Nzambe na motema moko; Ezalaki bango kolomba esika eyanganaki bango eninganaki. Bango nioso batondaki na Molimo Mosantu, mpe na molende basakoli Liloba na Nzambe."

Na tango bozali konganga epai na Nzambe, bokoki kokoma batatoli na solo na Yesu Christu mpe botalisa nguya na Molimo

Mosantu.

Nzambe Asenga na biso ete tonganga epai na Ye ata soki tozali kokila. Soki tolekisi mingi na tango na kokila na biso kati na kolala mpona bolembu, tokozwaka eyano moko te epai na Nzambe. Nzambe Alakaka biso kati na Yisaya 58:9 ete, "Bongo okobianga mpe YAWE Akozongisa liloba; okonganga mpe Ye Akoloba ete, 'Nazali awa.'" Kolandana na elaka na Ye, soki tokonganga na tango tozali kokila, ngolu mpe nguya na likolo ekokitela biso mpe tokozala na elonga mpe tokozwa biyano na Nzambe.

Na "Lisese na Mwasi na Molende Mokufeli Mobali," Yesu asengi na biso ete, "Nzambe Akolingisa baponami na Ye te, baoyo bazali kobianga Ye moi nab utu, mpe baoyo azali koyoka bango na motema molai?" mpe Alobela biso ete tonganga kati na kobondela (Luka 18:1-8).

Bongo, lolenge Yesu Alobela biso kati na Matai 5:18 ete, "Mpo ete Nalobi na bino solo mpenza été 'kino likolo mpe nse ikolongwa, i moko, to songe na elembo moko ekolongwa na Mibeko te bobele été makambo nioso mabonga," na tango bana na nzambe bazali kobondela, ekoki kaka mpona bango konganga kati na kobondela. Yango ezali mobeko na Nzmabe. Mpo ete mobeko na Ye elobi ete tosengeli kolia na motoki na elongi na biso, nde tokoki kozwa biyano na Nzambe na tango tozali kobelela Ye.

Bato misusu bakoki kozongisa, na koyanola kati na Matai 6:6-8, mpe batuna, ete, "Bongo, esengeli na biso konganga epai na Nzambe na tango Asila nini tozali na yango bosenga liboso na biso kosenga?" to "Mpona nini konganga na tango Yesu Aloba ete tobondela nan kuku kati na ndako na ngai na ekuke na kokanga?" Kasi, esika moko te kati na Biblia bokomona biteni kolobela bato kobondelaka kati nan kuku kati na bolamu na ba ndako na bango.

Tina mpenza na Matai 6:6-8 ezali kosenga na biso tobondela na motema na biso mobimba. Kokota kati na ndako na kolala mpe kokanga ekuke na sima nay o. Soki bozalaki kati na ndako na bino moko mpe kati na kimia na ekuke ekangama, bokokatana na bato nioso na libanda na bino te? Kaka lokola bokolongolama na makambo nioso na libanda kati na bandako na bino moko na bikuke ekangama, Yesu kati na Matai 6:6-8 Azali koloba na biso ete tomilongola na makanisi na biso nioso, makanisi na mokili, mitungisi, komitungisama, mpe bongo na bongo, mpe tobondela na mitema na biso nioso.

Lisusu, Yesu Abetaki lisolo oyo lokola liteyo mpona bato koyeba ete Nzambe Ayokaka libondeli na Bafalisai mpe na banganga, ba oyo na tango na Yesu bazalaki kobondela na mongongo makasi mpona kondimama mpe komonana na miso na basusu. Tosengeli te kokoma na lolendo mpona ebele na kobondela na biso. Kasi, tosengeli kobunda kati na kobondela na biso na mitema na biso nioso epai na Ye oyo Alukalukaka kati na mitema na biso mpe makanisi, epai na Nzambe na nguya nioso Ye oyo Ayebi bosenga na biso nioso mpe baposa, mpe Ye wana Azali "moko kati na Nioso."

Ezali pasi mpona kobondela na mitema na biso nioso kati na kobondela na kimia. Bomeka kobondela kati na meditation na miso na bino makangami kati na butu. Kala te bokoya na kososola ete bozali kobundabunda na bolembu mpe makanisi na mokili, esika na kobondela. Na tango bobandi komitungisama mpona kolala, bokolala mpongi liboso na bino koyeba yango.

Esika na kobondela kati na kimia na ndako na kimia, "Ye [Yesu] amataki likolo na ngomba mpona kobondela, mpe Alekisaki butu mobimba kati na kobondela liboso na Nzambe" (Luka 6:12) mpe "Na ntongo mpenza na liboso na kobima na moi, abimi kokenda na esika moko na lisobe, Azalaki wana kobondela" (Malako 1:35).

Na ndako likolo na ndako na ye, Mosakoli Daniele azalaki na bikuke efungwama na ngambo na Yelusaleme, mpe akobaki na kobeta mabolongo na ye mbala misato na mokolo, kobondelaka mpe kopesaka matondi liboso na Nzambe na ye (Daniele 6:10). Petelo azalaki komata na matolo mpona kobondela (Misala 10:9), mpe ntoma Paulo abimaki libanda na ekuke pembeni na mokele, esika wapi asengelaki kokutana na esika na kobondela na tango azalaki kofanda na Filipi (Misala 16:13;16). Bato oyo bazalaki kopona bisika bisengela mpona kobondelaka mpo ete balingaki kobondela na mitema na bango mibimba. Bosengeli kobondela na lolenge eye kobondela na bino ekoka na kokotela mapinga na moyini zabolo ye mokonzi na bokonzi na mopepe mpe imata kino na kiti na bokonzi na Lola. Kkaa wana nde bokotondisama na Molimo Mosantu, mpe mimekano na bino molongwa, mpe bozwa biyano na makambo na bino nioso monene to mpe moke.

3) Kobondela na bino esengeli kozala na tina

Bato misusu bakoki kolona ba nzete mpona mabaya kitoko. Basusu bakoki kolona ba nzete mpona ba mbuma. Kasi basusu mpe bakoki kolona ba nzete mpona kosalela na koni mpona kosala bailanga kitoko mpenza. Soki moto alonaki banzete na ntina moko te, liboso na yango kokola mpe kokomela akoki kobwakisa ba nzete na ye mpo ete akoki kozwa misala misusu.

Kozala na likanisi esengela kati na likambo moko ematisaka eloko yango mpe ememaka lifuti nokinoki mpe na malamu mpe kokokisama na nioso. Kasi soki ntina na malamu mpenza ezali te makasi ekoki kotelemela ata epekiseli moke te mpo été soki nzela ezali te, ekozala kaka na tembe mpe kolembisama.

Tosengeli kozala na ntina malamu na tango tozali kobondela liboso na Nzambe. Elakelama na biso ete tokozwa nioso tozali kosenga na tango tozali na molende liboso na Ye (1 Yoane 3:21-22), mpe na tango tina na kobendela na biso eyebani malamu, tokokoka kobondela na molende makasi. Nzambe na biso Akolikia, na tango Amoni ete ezali na eloko moko ten a kopamelama kati na mitema na biso, Akopesa biso nioso tozali na yango bosenga. Tosengeli tango nioso kobatela kati na ba bongo ete ntina na kobondela na biso mpe tokoka na lolenge eye esepelisaka Nzambe.

4) Bosengeli kobondela kati na kondima

Mpona etape kati na kondima ekesanaka na moto na moto, moto na moto akozwa biyano na Nzambe kolandisama na kondima na ye, Na tango bato bandimelaki Yesu mpona mbala na bango na liboso mpe bafungoli mitema na bango, Molimo Mosantu Akoya kobika kati na bango mpe Nzambe Akobeta bango mokoloto lokola bana na Ye. Yango ezalaka na tango bazali na kondima lokola mombuma na senapi.

    Na lolenge bakobatelaka mokolo na Nkolo bulee mpe bakobi na kobondela, bakobundaka mpona kobatela mibeko na Nzmabe, mpe kobika kati na Liloba na Ye, kondima ana bango ekokola. Kasi, na tango bakutani na komekama mpe minyoko liboso na bango kotelema makasi likolo na libanga na kondima, bakoki komituna mpona nguya na Nzmabe mpe balembisama na tango na tango na tango. Kasi, soki batelemi na libanga na kondima, bakokweya te kati na likambo soko mpe nini kasi bakotalela Nzambe kati na kondima mpe bakokoba na kobondela. Nzambe Akomona kondima na lolenge oyo, mmpe Akosala mpona bolamu na ba oyo balingaka Ye.

    Na lolenge bakotonga mabondeli likolo na mabondeli, na nguya longwa na likolo bakobunda na masumu mpe bakokokana na Nkolo na biso. Bakozala na likanisi esengeli mpenza mpona mokano na Nkolo na biso mpe bakotosa yango. Oyo ezali kondima oyo esepelisaka Nzambe mpe bango bakozwa eloko nioso bazali kosenga. Lolenge bato bakomi kati na etape oyo kati na kondima, bakokutana na elaka ezwami kati na Malako 16:17-18, kolobaka ete, "Bilembo oyo ikozala na bango bakondima: bakobimisa milimo mabe na nkombo na Ngai, bakoloba na minoko na sika, bakolokota ba nyoka; soko bakomela eloko na kufa, ekoyokisa bango pasi te, bakotia maboko na baton a malali mpe bakobika."

Baton a kondima monene bakozwa biyano kolandisama na kondima na bango, mpe baton a kondima moke bakozwa mpe biyano kolandisama na kondima na bango.

Ezali na "kondima etalisami na moto ye moko" oyo bokozwaka na bino moko, mpe "kondima epesami na Nzambe." "Kondima na moto ye moko" elandisamaka na misala na moto te, kasi kondima epesamaka epai na Nzambe ezali kondima na molimo yango elandisamaka tango nioso na misala. Biblia elobeli na biso ete kondima ezali elikia na biloko tokolikiaka (Baebele 11:1), kasi "kondima etalisami epei na moto ye moko ekomaka solo te. Ata soki moto akoki kozala na kondima na kokabola Mai na Monana Motane mpe koningisa bangomba, "kondima etalisami epai na moto ye moko," ezali na elikia te mpona biyano na Nzambe.

Nzambe Apesaka na biso "kondimana bomoi" yango elandisamaka na misala na tango biso, koolandisama na kondima na biso moko epai na Ye, totosi, totalisi kondima an biso mpe tobondeli. Na tango totalisi na Ye kondima tosilaki kozala na yango, kondima yango ekosangana na kondima na bomoi eye Abakiselaka biso, oyo ekokoma kondima monene na oyo tokoki kozwa na yango biyano na Nzmabe na kozela te. Tango na tango bato bakutanaka na biyano na Ye na solo na kobetaka tembe te. Yango ezali kondima epesamelaka bango na Nzambe mpe soki bato bazali na kondima na lolenge oyo, basilaki kozwa biyano na bango.

Na boye, na kozanga kobeta tembe ata moke, tosengeli kotia elikia na biso kati na bilaka Yesu Apesa na biso kati na Malako 11:24, "Bongo Nazali koloba na bino solo ete biloko nioso bizali bino kobondela mpe kosenga, bondima ete bosili kozua yango mpe ikozala na bino." Mpe tosengeli kobondela kino tango toyebi mpenza na motema ete biyano na Nzambe mipesameli biso, mpe tozwa nioso tozali kosenga kati na kobondela (Matai 21:22).

5) Bosengeli kobondela kati na bolingo

Baebele 11:5 elobeli biso ete, "Soki na kondima te, ekoki kosepelisa Nzambe te. Mpo été ekoki na babelemi na Nzambe kondima été Azali mpe Akozongisa libonza epai na bango bakolukaka Ye. » Soki tondimi été mabondeli na biso nioso ikoyanolama mpe mibombami lokola mabonza na biso na Lola, tokomona été kobondela ezali kotungisa te to mpepasi mpe te.

Kaka lolenge Yesu Abundaki kati na kobondela mpona kopesa bomoi epai na bato, soki tokoboondela kati na boolingo mpona milimo misusu, tokoki mpe kobondela makasi mpenza. Soki bokoki kobondela kati na bolingo na solo mpona basusu, yango elakisi été bokoki komitia na esika na bango mpe komona makambo na bango lokola ya bino, nde bongo bokokoba na kobondela mingi.

Ndakisa, toloba ete bozali kobondela mpona kotongama na ndako na lingomba na bino. Bosengeli kobondela na motema na lolenge moko na oyo bokokaki kobondela na yango mpona Nzambe na bino moko. Kaka lolenge bokosenga na mozindo mpona mabele, basali, biloko, mpe bongo na bongo mpona ndako na bino moko, bosengeli kosenga mpona eloko nioso mpe maye masengeli mpona kotongama na ndako na Nzambe na mozindo. Soki bozali kobondela mpona mobeli, bosengeli komitia na esika na ye mpe bobunda kati na kobondela na motema na bino nioso mpe lokola pasi na ye mpe minyoko na ye ezalaki na bino moko mpenza.

Mpona kokokisa mokano na Nzambe, Yesu Amesanaki kobeta mabolongo mpe kobunda kati na kobondela na bolingo na Ye mpona Nzambe mpe bolingo na Ye mpona bato. Lokola lifuti nzela na lobiko efungwamaki mpe moto nani nani oyo andimelaki Yesu akoki sasaipi kolimbisama na masumu na ye mpe asepela bokonzi eye azweli pete na kobengama mwana na Nzambe.

Kolandisama na lolenge ebondelaki Yesu mpe esengeli mpona lolenge na libondeli eye Nzambe Asepelaka na yango, tosengeli kotala ezaleli na biso mpe motema, tobondela na ezaleli mpe motema eye esepelisaka Nzambe, mpe tozwa epai na Ye nioso tosengaki kati na kobondela.

Chapitre 4

Mpo ete bokoka kokweya kati na komekama te

Ayei epai na bayekoli na Ye mpe
Amoni bango na mpongi.
Alobi na Petelo ete,
'Bongo, boyebakina Ngai kino ntango moko te?

Bokengelaka mpe bobondelaka ete boingela na
komekama te molimo ezali na
mposa nde nzoto ezali na bolembu."

(Matai 26:40-41)

1. Bomoi na Kobondelaka: Mpema na Molimo na Biso

Nzambe na biso Azali na bomoi, Amonaka bomoi na moto, kufa, elakelami mabe, mpe lipamboli, mpe bolingo, bosembo, mpe bolamu. Alingaka te bana na Ye bakweya kati na komekama to mpe kokutana na komekama to mpe kokutana na minyoko kasi Atambwisaka ba bomoi etondisama na mapamboli. Yango tina Atinda Molimo Mosantu kati na mokili Mosungi oyo Akokaki kosunga bana na Ye balonga mokili, babengana moyini zabolo, babika bomoi na nzoto malamu mpe na kosepela, mpe bakoma na lobiko.

Nzambe Alaka biso kati na Yelemia 29:11-12 ete, "Mpo ete Nayebi makanisi mazali Ngai kokanisa mpona bino; YAWE Alobi bongo. Yango makanisi na kimia mpe na mabe te, kopesa bino elikia nan tango ekoya. Bokobinga Ngai mpe bokokenda kobondela Ngai mpe Nakoyanola bino."

Soki tosengeli koboka bomoi oyo kati na kimia mpe elikia, tosengeli kobondela. Soki tokokobaka na kobondela kati na bomoi na biso kati na Christu, tokomeka te, molimo na biso ekotambola malamu, yango ekokaki te mpona biso ekobongwama na "kokoka," eloko nioso kati na bomoi ekokende malamu, mpe tokosepela nzoto makasi. Ata bongo, soki bana na Nzambe bazali kobondela te, pamba te moyini na biso zabolo akongulumaka lokola nkosi mpona koluka moto na kolia, tokokutana na mimekano mpe tokutana na makama.

Kaka lolenge bomoi esilaka soki tozali kopema te mokolo na mokolo, motuya na kobondela kati na bomoi na bana na Nzambe ekoki te kotika. Yango tina Nzambe Apesi na biso motindo na kobondelaka na kotika te (1 Batesaloniki 5:17), Etalisi biso ete kozanga kobondela ezali lisumu (1 Samuele 12:23), mpe elakisi na biso kobondela mpona ete tokweya kati na komekama te (Matai 26:41).

Bandimi na sika ba oyo bauti kondimela Yesu mpona mbala na bango na liboso bamonaka kobondela pasi mpo ete bango bayebi kobondela te. Molimomna biso mokufa ebotami sika na tango tondimeli Yesu Christu mpe toyambi Molimo Mosntu. Condition na molimo na ngonga oyo ezali oyo na mwana, ezali pasi mpona kobondela.

Kasi, soki bango bakotika te kasi bakobi na kobondela mpe kokomisa Liloba na Nzambe lipa, milimo na bango ikozwa makasi mpe libondeli na abngo ekokoma na nguya kolaka. Kaka lolenge bato bakoki te kobika soki bazali kopema te, bakoya na kososola ete bakoka te kobika soki kobondela ezali te.

Na bomwana na ngai, ezalaki na bana oyo bazalaki na komekama moko na mosusu mpona kotala soki nani akokaki kokanga mpema na ye molai na koleka. Bana babale na tango wan bakokutanaka mpe bakopema makasi mingi. Na tango mwana mosusu akoloba 'Pret'"angangi "Bobanda!" na elongi etondisami na molende, bana babale bakokanga mpema na bango.

Na ebendeli, kokanga mpema ezali mpenza pasi te. Kasi, na

koleka moke na tango, bana bayoka lokola kokangama mpe bilongi na bango ikobaluka motane. Na suka, bakoka lisusu te kokanga mpema na bango mpe bakomemana na makasi mpona kopema lisusu. Moto moko te akoki kobika soki mpema na ye etiki.

Ezali lolenge moko na kobondela. Na tango moto na molimo atiki kobondela, na ebandeli ye akomona mpenza bokeseni te, kasi na koleka na tango, motema na ye ekobanda na koyoka nkaka mpe na pasi. Soki tokokaka komona molimo na ye na miso na biso, molimo wana ezali pembeni na kokangama mpema. Soki asosoli ete nioso oyo ezali kokoma mpo ete ye atikaki na kobondela mpe azongeli kobondela, akoki lisusu kobika bomoi na komesana kati na Christu. Kasi, soki akokoba na kosala lisumu na kozanga kobondela, motema na ye ekoyoka lisusu pasi mpe kozanga kimia, mpe akomona makambo mingi kati na bomoi na ye kokende malamu te.

"Komipemisa" mpona kobondela ezali mokano na Nzambe te. Kaka lokola tokopemaka na monoko kino tango kopema na biso ezonga malamu, kozongela bomoi na kobondela na momesano na mikolo mileka ezali pasi koleka mpe yango ekozwaka tango molai. Molai na kopema ezalaki, molai mpe ekozala mpona bino kozongela bomoi na bino kati na kobondela.

Batu oyo basosolaka été kobondela ezali ezali mpema na milimo na bango bamonaka kobondela pasi te. Soki bazalaka kobondela na momesano lolenge bakopemaka kati mpe na libanda na momesano, esika na bango komona kobondela pasi mingi to mpe kotungisa bakokoma na na kimia na koleka, mpe na kotondisama na elikia, mpe na esengo eleka kati na bomoi koleka kozanga kobondela. Yango ezali mpo été bazwi biyano na Nzambe mpe bapesi nkembo na koleka epai na Ye lolenge ezali bango kobondelaka.

2. Ntina Wapi Mimekano Mikoyaka Epai na Bato Oyo Bazali Kobondela Te

Yesu Atie ndakisa na ntina na biso mpona kobondela mpe Alobeli bayekoli ba Ye ete bakengelaka mpe babondelaka mpo ete bakoka kokweya kati na komekama te (Matai 26:41). Na mokuse, yango elakisi ete soki tokobondelaka na momesano te, tosengeli kokweya kati na komekama. Bongo, mpona nini, komekama eyelaka bato oyo bazali kobondela te?

Nzambe Akelaka moto na yambo Adamu, Asalaki ye ekelamo na bomoi, mpe Apesaki ye nzela na kosolola na Nzambe oy Azali Molimo. Sima na Adamu kolia na nzete na koyeba malamu mpe mabe mpe azangaki kotosa Nzambe. Molimo na Adamu ekufaki, lkosolola na Ye na Nzambe mpe ekatanaki, mpe abenganamaki kati na Elanga na Edeni. Lokola moyini zabolo, motambwisi na bokonzi na mopepe, azwaki bokonzi likolo na moto oyo akokaki lisusu te kosolola na Nzambe oyo Azali Molimo, moto akobaki moke moke na komikitisa kati na lisumu.

Pamba te lifuti na lisumu ezali kufa (Baloma 6 :23), Nzambe Atalisaki Mokano na Ye na lobiko na nzela na Yesu Christu mpona bato nioso oyo basengelaki na kufa. Nzambe Akomaka mwana na Ye nioso oyo andimeli Yesu Christu lokola Mobikisi na ye, atubeli ete ye azali mosumuki, mpe ayamboli, mpe lokola eloko na assurance Nzambe Akopesa na ye Molimo Mosantu.

Molimo Mosantu Mosungi oyo Nzambe Atinda Andimisaka mokili mpona koyoka mabe na oyo etali kosumuka mpe bosembo mpe kosambisama (Yoane 16:8),

Mpona kotondisama na Molimo Mosantu mpe kozwa kotambwisama na Ye, libondli ezali mpenza na motuya. Kaka na tango tokobondelaka nde Molimo Mosantu Alobelaka biso, Akoningisa motema mpe makanisi na biso, Akokebisaka bison a mimekano ekoya, Alobelaka bison a loenge nini tokoki kokima mimekano na lolenge wana, mpe Asengaka biso mpo ete tolonga mimekano mana ata soki ikoyaka na nzela na biso.

Kasi, soki kobondela ezali teezali na nzela moko te mpona kokesenisa mokano na Nzambe na mokano na moto. Kati kolanda bisengo na mokili, bato oyo bazanga bomoi na kobondela na mokolo na mokolo bakobika kolandisama na bizaleli na bango na kala mpe balanda nini ezali malamu kolandisama na bosembo na bango moko. Bongo, komekama mpe minyoko mikobetaka bango lolenge ezali bango kokutana na mikakatano na lolenge nioso.

Kati na Yakobo 1:13-15 totangi ete, "Tika te ete moto oyo amekami aloba ete, 'Nazali komekama na Nzambe. Mpo ete

Nzambe Amekami na mabe te, Ye mpe Akomekaka moto te. Moto na moto akomekamaka mpona kobendama mpe kolengolama na mposa mabe na ye moko. Na nsima esili mposa kozua zemi, eboti lisumu, mpe esili lisumu yango kokola eboti kufa. »

Na maloba mosusu, komekama eyelaka bato oyo bakobondelaka te mpo été bazangi kososola mokano na Nzambe na mokano oyo na moto, bakangami kati na bisengo na mokili, mpe bakonyokwama na minyokoli mpo été bango bakoki te kolonga mimekano. Nzambe Alingi bana na Ye nioso bayekola na kosepela na nioso bakutani na yango, baya na koyekola nini ezali kozala na bosenga mpe nini ezali kozala na biloko ebele, mpe bayekola sekele na kosepelaka kati na likambo nioso, ezala baleisami malamu to mpe malamu te, ezala babiki na biloko moke to mpe na ebele (Bafilipi 4:11-12).

Kasi, mpona baposa na mokili kozua zemi mpe kobota lisumu mpe lifuti na lisumu ezali kufa, Nzambe Akoki te kobatela bato oyo bakobi na kosumuka. Kolandisama na lolenge bato basumuki, moyini zabolo akomemela bango ba tango na komekama mpe na konyokwama. Bato misusu oyo bakweyaki kati na komekama bakolembisaka na Nzambe na kolobaka ete Nzambe Abwaki bango kati na komekama mpe Atii bango kati na minyoko. Kasi, nioso oyo ezali misala na kokangela Nzambe kanda mpe baton a lolenge oyo bakoki te kolonga mimekano mpe batikaka esika moko te mpona Nzambe kosala mpona bolamu na bango.

Na boye, Nzambe Asengi biso ete tobuka makanisi mpe biloko nioso ekotelemelaka mayebi na Nzambe mpe tomema makanisi nioso kati na bokangami na botoso na Christu (2 Bakolinti 10:5). Mpe Asosolisi biso kati na Baloma 8:6-7 ete, "Kotia motema na makambo na nzoto ekoyeisa bobele kufa, nde kotia motema na makambo na molimo ekoyeisa bomoi mpe kimia. Mpo ete motema motiami epai na nzoto ezali moyini na Nzambe, eyebi kotosa mibeko na Nzambe te ; ekoki mpe kosalaka boye te, » (Baloma 8 :6-7).

Mingi na basango oyo biso toyekolaka mpe tofandisa kati na ba bongo na biso lokola "makambo malamu" liboso na biso kokutana na Nzambe, emonani ete ezali lokuta kati na pole na solo. Boye , tokoki kolanda mokano na Nzambe na mobimba na yango na tango tobuki mayele nioso mpe makanisi nioso na mosuni. Lisusu, soki tolingi kobebisa koswana nioso mpe komimatisa nioso mpe totosa solo, tosengeli kobondela.

3. Molimo Ezali na Mposa kasi Nzoto ezali na Bolembu

Butu liboso na Ye kozwa ekulusu, Yesu Akendaki elongo na bayekoli ba Ye na esika ebengami Getesemane mpe abundaki kati na mabondeli. Na tango emonaki Ye bayekoli na Ye kolala mpongi, Yesu Amilelaki mpe Alobaki ete, "molimo ezali na mposa kasi nzoto ezali na bolembu" (Matai 26:41).

Kobanda bozangi botosi na Adamu, babali mpe basi banso babotamaka na lisumu babotamaka na yango, yango ezali lisumu na ebandeli. "Lisumu moto asali na ye moko" ezali misala na kozanga solo eye esalemi na kotindikama na moyini zabolo. Moto akomaka "mosuni" na tango solo te esilaki kokotela nzoto na ye mpe nzoto esangani na lolenge na lisumu. Yango ezali nini Baloma 9:8 etalisi "bana na mosuni." Eteni elobi ete," Yango ntina ete bana na nzoto bazali bana na Nzambe te, kasi bana na elaka batangami lokola libota." Mpe Baloma 13:14 ekebisi biso ete, "Kasi botala Nkolo Yesu Christu lokola elamba mpe bokanisa te mpo na kosepelisa mposa na nzoto.

Lisusu, "makambo na nzoto" ezali lisanga na masumu wana na lolenge na lolenge lokola motema mpasi, likunia, zua, mpe koyina (Baloma 8:5-8). Naino matalisami na libanda te kasi makoki komonana na mosala. Na tango ba posa oyo mitimi na bongo, mibengami misala na nzoto" (Bagalatia 5:19-21).

Nini elingaki Yesu koloba na kolobaka ete, "nzoto ezali naa bolembu"? Ezalaki Ye kolobela lolenge na ba nzoto na bayekoli na Ye? Lokola bbalobi mbisi na kala, [etelo, Yakobo, mpe Yoane bazalaki mibali na kongenga na bomoinna bango mpe na ba nzoto makasi na konzo. Mpona bato oyo balekisa ba butu mingi kati na koloba mbisi, kosenjela mpona mu aba ngonga moke kati nab utu ekokaki kozala pasi te. Kasi, ata sima na Yesu koyebisa na bango ete bazala wana mpe basenjela elongo na Ye, bayekoli misato bakokaki te kobondela kasi basukaki na kolala. Bakokaki kokende na Getesemane mpona kobondela elongo na Yesu, kasi mposa oyo ezalaki kaka kati na motema na abngo. Kasi, na tango Yesu Alobaki na bango ete "nzoto na bango ezalaki na bolembu", Alingaki koloba ete basato kati na bango bakokaki te kobwaka mposa mabe na nzoto eye ezalaki kokanga bango mpona kolala mpongi mpe komipemisa.

Petelo oyo azalaki moko na bayekoli balingami na Yesu akokaki te kobondela mpo ete nzoto na ye ezalaki kati na bolembu ata soki molimo na ye elingaki kobondela, mpe na tango Yesu Akangamaki mpe ye amonaki ete bomoi na ye ekomaki na likama, mbala misato awanganaki ete ayebaki Yesu. Yango esalemaki liboso na kosekwa na Yesu mpe konetwama na Lola, mpe Petelo akangamaki kati na bobangi monene, liboso na ye kozwa Molimo Mosantu.

Kasi sima na Petelo kozwa Molimo Mosantu, azongisaki mokufi kati na bomoi, atalisaki ebele na bilembo mpe na bikamwiseli, mpe akolaki na mpiko mingi mpona kobakama moto nan se mpe makolo likolo na ekulusu. Elembo moko ten a bolembu na Petelo ekokaki lisusu komonana te lokola ambongwanaki na ntoma na nguya oyoazalaki lisusu kobanga kufa te. Yango ezalaki mpo ete Yesu Atangisaki makaila ma Ye na motuya, mbeba te mpe Asikolaki bison a bokakatani na biso, bobola, mpe bolembu. Soki tozali kobika kati na kondima, kati na kotosa, tokosepela nzoto malamu kati na nzoto mpe na molimo, mpe tokokoka kosala nini esengeli biso kosala te lokola bato, mpe eloko nioso ekokoka mpona biso.

Kasi na ba tango, bato oyo basumukaka, esika na bango

koyambola na masumu na bango, bazalaka nokinoki mpona koloba ete "nzoto ezali na bolembu" mpe bakokanisaka ete esengeli na kosumuka. Bato misusu babimisaka maloba oyo mpo ete basosola solo te. Toloba été tata apesa mwana na ye 1,000$. Boni nsoni yango ekozala soki mwana mobali atiee mbongo kati na poche na ye mpe alobi na tata na ye été, "Nazali na mosolo moko te, ata likuta sokote "? Boni koswisa motema yango ekozala mpona tata soki mwana na ye- akobi kozal na 1,000$ kati na poche na ye-amikufisi nzala na kozanga koluka bilei moko? Na boye, mpona ba oyo kati na biso, toyamba Molimo mosantu, "nzoto ezali na bolembu" ezali bosangisi na maloba.

Namona ebele na bato oyo bameseneke kokende na mbeto na ngonga na 10h na butu, sasaipi koyangana kati na "mayangani na "Mokolo na Mitano na Butu Mobimba" sima na bngo kobondela mpe kozwa lisungi na Molimo Mosantu. Bakolembaka te to mpe na konimbaka te mpe bakopesaka Mokolo na Mitano nioso nab utu na maboko na Nzambe kati na kotondisama na Molimo Mosantu. Yango ezali ete kati na kotondisama na Molimo Mosantu, miso na molimo na bato ekongengisama, mitema na bango itondisamaka na esengo, bakoyokaka bolembu te, mpe ba nzoto na bango ekokomaka pepele.

Mpo ete tozali kobika kati na ekeke na Molimo Mosantu, tosengeli te kozanga kobondela to mpe kosumuka mpo ete "nzto ezali na bolembu." Kasi komibatelaka biso moko na kosenjela mpe ba kobondelaka na kotika te, tosengeli kozwa lisungi na Molimo Mosantu mpe tolongola makambo mpe misala na mosuni mpe bongo na bongo, mpe tobika bomoi na biso kati na Christu na molende na kobikaka tango nioso kolandana na mokano na Nzambe mpona biso.

4. Mapamboli mpona Bato oyo Bakosenjelaka mpe Bakobondelaka

1 Petelo 5:8-9 elobi na biso ete, "Bomisenjela bolala mpongi te; motemeli na bino, oyo mabe, azali kotambola lokola nkosi konguluma, kolukaka soki akolia nani. Botelemela ye ngwi mpona kondima, boyeba ete mpasi na motindo moko mpenza ezali kobimela bandeko na bino na bipai mosusu na mokili." Moyini Satana mpe zabolo, mokonzi na bokonzi na mopepe, abundaka mpona kokanga bandimi na Nzambe balongwa na nzela mpe akopekisaka baton a Ye bazala na kondima na nzela nioso epesameli bango.

Soki moto alingi kopikola nzete, akomeka liboso koningisa yango. Soki monene na yango ezali monene mpenza mpe misisa na yango mizindisama mosika kati na mabele, akotika yango mpe akomeka koningisa nzete mosusu. Na tango emonani ete nzete na mibale ekoki kopikolama na bopete koleka oyo na liboso, akozwa makasi na koluka kutu kopikola yango na makasi maleka. Lolenge moko, moyini zabolo oyo alukaka kokanga biso akobenganama kaka soki totikala ngwi. Soki toningisami ata moke, moyini zabolo akokoba na komemelaka biso mimekano mpona kokweyisa biso mpenza.

Mpona kososola mpe kobebisa mayele na moyini zabolo mpe kotambola kati na pole na kobikaka kolandisama na Liloba na Nzambe, tosengeli kobunda kati na mabondeli mpe tozwa makasi mpe nguya epesamaka na Nzambe. Yesu Ye Mwana se moko na likinda na Nzambe akokaki kokokisa nioso kolandisama na mokano na Nzambe mpona nguya na kobondela. Liboso na Ye kobanda mosala na Ye, Yesu Amibongisaki na kokila bilei mikolo ntuku minei mpe butu ntuku minei, mpe kati na ba mbula na Ye misato na kokila bilei Atalisaki misala na kokamwisa na nguya na Nzambe na kobondelaka na momesano mpe na kotika te. Na suka na mosala na Ye na ba mbula misato, Yesu Akokaki kobuka nguya na kufa mpe Alonga na nzela na Lisekwa mpo ete Ye abundaki kati na kobondela na Getesemane. Yango tina Nkolo na biso asengi na biso ete, "Boyika mpiko kati na kobondela; bokengela na yango na matondi" (Bakolose 4:2), mpe "Nde nsuka na makambo nioso ezali kobelema. Na bongo bozala na makanisi na sembo, bomisenjela mpona mabondeli" (1 Petelo 4:7). Alakisa mpe biso lolenge nini kobondela été, "Mpe kendisa biso na komekama te, kasi bikisa biso na mabe » (Matai 6:13). Kopekisaka biso mpona kokweya kati na komekama ezali mpenza motuya. Soki bokwei kati na komekama ezali mpenza motuya. Soki bokwei kati na komekama, elakisi été naino bolongi yango te, bokomi komitungisa, mpe bozongi nsima kati na kondima na binomoko te na yango esepelisaka Nzambe.

Na tango tomibateli biso mpenza kati na kosenjela mpe tobondeli, Molimo Mosantu Akolakisa biso lolenge nini tosengeli kotambola na nzela malamu mpe kobunda mpe kobwaka masumu na biso. Lisusu, na lolenge molimo na biso ezali kokende liboso, motema na biso ekokokana na oyo na Nkolo na biso, tokolonga na makambo nioso na mokili, mpe tokozwa mapamboli na nzoto malamu.

Libondeli ezali fongola mpona makambo nioso kati na bomoi na biso kotambolaka malamu mpe na kozwaka lipamboli na nzoto malamu kati na nzoto mpe na molimo. Elaka epesamela biso kati na Yoane 5:18 ete, "Toyebi ete moto na moto oyo asili kobotama na Nzambe akosalaka masumu te mpo ete ye oyo abotami na Nzambe Akobatela ye mpe oyo mabe akoyeba kotiela ye loboko te." Yango tina na tango tokosenjelaka biso mpenza, tobondeli, mpe tokotambolaka kati na pole, tokobatelama malamu na moyini zabolo mpe ata soki tokwei kati na momekano, Nzambe Akotalisa biso ba nzela na kokima yango mpe, kati na makambo nioso, Akosala mpona bolamu na ba oyo balingaka Ye.

Mpo ete Nzambe Aloba na biso ete tobondelaka na kotika te, tosengeli kokoma ban aba Ye bapambolama ba oyo bazali kotambwisa bomoi na biso kati na Christu na komibatelaka biso mpenza na kosenjela, kobenganaka moyini zabolo, mpe kozwaka nioso oyo Nzambe Alingi kopambola biso.

Kati na 1 Batesaloniki 5:23 tomoni ete, "Tika ete Nzambe na

kimia Ye moko, Abulisa biso mobimba, Tika mpe ete bobatelama kati na molimo mpe na motema mpe na nzoto na kokabwana te mpe na ekweli te kino ekomonana Nkolo na biso Yesu Christu."

Tika ete moko na moko kati na bino azwa lisungi na Molimo Mosantu na kosenjelaka bino mpenza mpe kobondelaka na momesano, boya na kozwaka motema ezanga mabe mpe mbeba lokola mwana na Nzambe kati na kolongolaka mabe na lolenge nioso kati na bino mpe kokataka ngenga na motema na bino kati na Molimo Mosantu, bosepela mpifo lokola mwana na Ye na oyo molimo na bino ekokendaka liboso, makambo nioso kati na bomoi na bino makofulukaka, mpe bozwa lipamboli na nzoto malamu, mpe bopesa nkembo na Nzambe kati na nioso ekosala bino, na nkombo na Nkolo na biso Yesu Christu Nabondeli!

Chapitre 5

Libondeli na Moyengebene

Libondeli na moyengebene ezali na nguya mingi;
ekosalaka mpe misala. Eliya azalaki moto na
ezaleli lolenge na biso,
Abondelaki makasi été mbula enoka te
mpe enokaki na mokili te kino bilanga
misato mpe sanza motoba. Lisusu mpe Abondelaki, mpe likolo
epesaki mbula mpe mabele ebotaki mbuma na yango.

(Yakobo 5 :16-18)

1. Libondeli na Kondima Eye Ebikisaka Mobeli

Na tango totali sima kati na bomoi na biso, ezalaki na ba tango wapi tobondelaki katikati na minyokoli mpe ba tango wapi tosanjolaki mpe tosepelaki sima na biso kozwa biyano na Nzambe. Ezalaki na ba tango wapi tobondelaki elongo na basusu mpona lobiko na balingami na biso mpe ba tango wapi topesaka nkembo epai na Nzambe sima na kokokisa kati na kobondela oyo ekokaki te mpona moto.

Ezali na ebele na biteni bizwami kati na Baebele 11 mpona kondima. Babanzisi biso kati na Eteni 1 ete, "Kondima ezali elendiseli na biloko bikolikia biso; ezali mpe elimbweli na biloko bizangi komonana," na tango "Soki nakondima te, ekoki kosepelisa Nzambe te mpo ete ekoki na babelemi na Nzambe kondima ete Azali mpe ete Akozongisa libonza epai na bango bakolukaka Ye" (Eteni 6).

Na monene kondima ekabolama na "kondima na nzoto" mpe "kondima na molimo." Na loboko moko, na kondima na mosuni tokoki kondimela Liloba na Nzambe na tango Liloba endimami na makanisi na biso. Kondima oyo na mosuni ekomemaka mbongwana moko te kati na bomoi na biso. Na loboko mosusu, na kondima na molimo, tokoki kondima nguya na Nzambe na bomoi mpe Liloba na Ye kaka lolenge ezali ata soki endimami na makanisi na biso te mpe na mayebi na biso te. Lolenge tokondima mosala na Nzambe oyo Akela eloko longwa na eloko moko te, tokomonaka mbongwana na komonana kati na ba bomoi na biso mpe lokola lokola bilembo mpe bikamwiseli na Ye, mpe toya na kondima ete nioso ekoki mpona bango nioso bandimi.

Yango tina Yesu Alobela na biso ete, "Bilembo oyo ikozala na bango bakondima: bakobimisa milimo mabe na nkombo na Ngai, bakoloba na minoko na sika, bakolokota banyoka; soko bakomela eloko na kufa, ekoyokisa bango mpasi te, bakotia maboko na baton a malali mpe bakobika" (Malako 16:17-18). "Nioso ekoki mpona ye oyo andimi" (Malako 9:23), mpe ete "Bongo Nazali koloba na bino solo ete biloko nioso bizali bino kobondela mpe kolomba, bondima ete bosili kozua yango mpe ikozala na bino." (Malako 11:24).

Lolenge nini tokoki kozwa kondima na molimo mpe tokutana na misala na nguya makasi mpe monene na Nzambe? Likolo na nioso, tosengeli kokanisa ete ntoma Paulo alobaka kati na 2 Bakolinti 10:5 ete, "Tozali kokweisa maloba mpe bisika milai nioso bizali kotelemela boyebi na Nzambe. Tozali kokanga makanisi nioso na nkanga ete matosa Christu." Tosengeli lisusu te komona solo mayebi nioso tosangisa kino esika oyo. Kasi tosengeli kokweisa makanisi nioso mpe mayebi eye ekotelemelaka Liloba na Nzambe, totosaka biso mpenza Liloba na Ye na solo, mpe tobika na yango. Lolenge biso tokokweisa makanisi na mosuni mpe tolongola solo te nioso kati na biso moko, molimo na biso ekokende liboso mpe tokozwaka kondima na molimo na oyo tokoki kondimela.

Kondima an molimo ezali etape kati na kondima eye Nzambe Apesa na moko na moko na biso (Baloma 12:3). Sima na biso koteyama Sango Malamu mpe Yesu Christu na liboso, kondima na biso ezali moke lokola mombuma na senapi. Na lolenge tokokobaka na koyaka kati na mayangani, toyoki Liloba na Nzambe, mpe tobiki na yango, tokokoma bayengebene na koleka. Lisusu, lokola kondima na biso ekokola na kondima monene, bilembo ikolandaka ba oyo bandimeli ekolanda biso solo.

Kasi na libondeli mpona lobiko na babeli, ebombami kati na libondeli wana esengeli kozala kondima na molimo na ba oyo bazali kobondela. Mpona kapitene na basoda- ye oyo mosali na ye oyo akangamaki nzoto mpe azalaki na pasi monene mpenza- etalisama kati na Matai 8 azalaki na kondima na oyo andimaki ete mosali na ye akobika kaka soki Yesu Alobaki liloba, mosali na ye abikaki kaka na ngonga moko wana (Matai 8:5-13).

Lisusu, na tango tozali kobondela mpona babeli, tosengeli kozala na molende kati na kondima na biso mpe tobeta tembe te mpo ete, lokola Liloba na Nzambe elobeli biso ete, "Kasi asenga na kondima, abeta tembe te mpo ete ye oyo akobetaka tembe azali lokola mbonge na mai kopusama na mopepe mpe kotambolatambola epai na epai. Moto na motindo yango abanza te ete akozua eloko epai na Nkolo" (Yakobo 1:6-7).

Nzambe Asepelaka na kondima makasi mpe efandisama esika moko eye eberaka betake te epai na epai, mpe na tango tosangani kati na kondima mpe tobondeli mpona mobeli kati na kondima, Nzambe Akosala ata makasi na koleka. Mpo ete bokono ezali lifuti na lisumu mpe Nzambe Azali YAWE Mobikisi na biso *Esode 15:26), na tango totubeli masumu na biso moko epai na mosusu mpe tobondeli moko mpona mosusu,

Nzambe Apesaka biso kolimbisama mpe lobiko.

Na tango bozali kobondela na bolingo na molimo, bokomona mosala monene na Nzambe, bokotatola mpona bolingo na Nkolo na biso, mpe bokokumisa Ye.

2. Na Nguya makasi mpe Nakosalaka ezali Libondeli na Moyengebene

Kolandisama na Dictionaire na Miliama Webster, moyengebene ezali moto oyo azali kosala kati na kondimama na mobeko na bonzambe mpe na bomoto; azali na kotutama na masumu te." Kasi, Baloma 3:10 elobi ete, "Moyengebene azali te, ata moko te." Mpe Nzambe Alobi été, "Pamba te baoyo bakoyokaka Mibeko bobele na matoi bazali bayengebene liboso na Nzambe te, kasi bango bakosalaka makambo na Mibeko bazali bayengebene." (Baloma 2:13), mpe été, 'Mpo été moto moko te akolonga liboso na Ye mpona misala na Mibeko, ntina été bakososola masumu bobele na nzela na Mibeko" (Baloma 3:20).

Lisumu ekotaki na mokili mpona bozangi botosi na moto na liboso Adamu oyo akelamaka mpe bato ebele na suka te bakotaki kati na kokatelama na nzela na lisumu na moto moko (Baloma 5:12,18). Mpona moto oyo azangaki nkembo na Ye, libanda na Mobeko, Boyengebene na Nzambe etalisamaka, mpe ata boyengebene na Nzambe eyaka na nzela na kondima kati na Yesu Christu mpona bango nioso oyo bandimeli (Baloma 3:21-23).

Mpo ete boyengebene na mokili oyo embongwanaka kolandisama na ba valeur na ekeke na ekeke, ekoki te kozala epimelo na solo mpona boyengebene. Kasi, mpo ete Nzambe Ambongwanaka te, boyengebene na Ye ekoki kozala epimelo na boyengebene na solo.

Na boye etangi kati na Baloma 3:28 ete, "Mpo ete tozali koloba ete moto akolonga mpona kondima, akolonga mpona misala na Mibeko te." Na bongo tozali kobebisa Mibeko mpona kondima? Soko moke te! (Baloma 3:31).

Soki tosembolami kati na kondima, tosengeli kobota ba mbuma na kokoma kati na kobulisama na kosikolama na masumu mpe na kokoma baumbo na Nzambe. Tosengeli solo kobunda mpona kokoma mpenza sembo na kolongolaka solo ten a lolenge nioso oyo ekobukaka Liloba na Nzambe mpe tobika kati na Liloba na solo mpenza.

Nzambe Abengaka bato bayengebene ba oyo kondima na bango elandisamaka na misala mpe bakobundaka mpona kobika kati na Liloba na Ye mokolo na mokolo, mpe batalisaka misala na Ye na koyanolama na mabondeli na bango. Boni boni Nzambe Akoki koyanola moto oyo ayaka na mayangani kasi asila kotonga efelo kati na ye moko mpe Nzambe na nzela na kozanga kotosa baboti na ye, kozanga koyokana na bandeko na ye, mpe kosalaka mabe?

Nzambe Asalaka ete libondeli na moyengebene –oyo azali kotosa mpe kobika na Liloba na Nzambe mpe amemaka elongo na ye elembo na bolingo na ye mpona Nzambe- ezala na nguya mpe na kosala na kopesaka na ye makasi na kobondela.

Kati na Luka 18:1-16 ezali na lisese na Mwasi na Molende Mokufeli Mobali. Elobeli mwasi mokufeli mobali mpe likambo oyo ememaki ye liboso na mosambisi oyo abangaki Nzambe te mpe atosaki bato te. Ata soki mosambisi abangaki Nzambe te mpe atalaki mpenza bato te, asukaki na kosunga mwasi mokufeli mobali. Mosambisi amilobelaki été, 'Ata nabangi Nzambe te mpe nakanisi moto te, nde mpo été mwasi oyo atungisi ngai, nakolongisa ye été alembisa ngai na koya mingi boye te. »

Na nsuka na lisese Yesu Alobaki été, 'Yoka yango elobi mosambisi mabe. Nzambe Akolongisa baponami na Ye te, ba oyobazali kobianga Ye moi na butu, mpe baoyo azali koyoka bango na motema molai ? Nalobi na bino été Akolongisa bango nokinoki » (Luka 18 :7-8).

Kasi soki totali zingazinga, ezali na bato oyo bakotatolaka ete bazali bana na Nzambe, bakobondelaka moi mpe butu mpe bamesana kokila bilei, kasi bazali kozwa biyano na Ye te. Baton a lolenge oyo basengeli na kososola ete naino bakomi bayengebene ten a miso na Nzambe.

Bafilipi 4:6-7 elobeli biso ete, "Bomitungisa mpona likambo moko ten de kati na makambo nioso tika ete bisengeli biyebana epai na Nzambe na mabondeli mpe na malombo mpe na matondi. Mpe kimia na Nzambe oyo eleki makanisi nioso ekosenjela mitema na bino mpe bikaniselo na bino kati na Christu Yesu." Kolandisama na lolenge nini moto akomi moyengebene na miso na Nzambe mpe abondeli na kondima kati na bolingo, monene na kozwa biyano na ye ekokesana. Sima na ye kokutana na makoki na boyengebene mpe abondeli, akoki kozwa nokinoki biyano na Nzambe mpe apesa nkembo epai na Ye.

Na boye, ezali na motuya eleki likolo mpona bato bakweisa efelo na masumu eye etelemaka na nzela na Nzambe, baya na kozwa makoki na kobengama sembo na miso na Nzambe, mpe babondela makasi kati na kondima mpe na bolingo.

3. Likabo na Nguya

"Makabo" izali mabonza eye Nzambe Apesaka pamba mpe etalisaka mosala na motuya na Nzambe kati na bolingo na Ye. Mingi moto azali kobondela, mingi mpe akoya na kozala na mposa mpe kosenga mpona libonza na Nzambe. Kasi na tango na tango akoki kosenga Nzambe mpona likabo kolandisama na mposa na ye mabe. Yango ezali mpona ye komimemela kobebisama mpe mpo ete oyo ezali sembo ten a miso na Nzambe, moto asengeli komibatela na yango.

Kati na Misala 8 ezali na soloka na nkombo na Simona ye oyo, sima na ye koteyama Sango Malamu epai na Filipi, alandaki Filipi esika nioso, mpe akamwaki makasi na bilembo minene mpe bikamwiseli ye amonaki 9Eteni 9-13). Na tango Simona Amonaki ete Molimo Mosantu Epesamaki na komamolama maboko na Petelo mpe na Yoane, alukai kopesa misolo epai na bantoma mpe asengaki na bango ete, "Pesa ngai mpe nguya oyo ete soko nakotiela moto nani maboko akozua Molimo Mosantu" (Eteni 17-19). Na kozongisa, Petelo apamelaki Simona ete: "Tika mosolo nay o ebeba nay o esika moko! Mpo ete okanisi okozua likabo na Nzambe na mosolo. Ozali na ndambo to na eteni na likambo oyo te, mpo ete motema nay o ezali sembo na miso na Nzambe te.Na bongo bongola motema nay o na likambo oyo mabe, mpe bondelaNkolo soko Likanisi na motema nay o ekolimbisama. Mpo ete namoni ete yo ozali kati na bololo na njongo mpe na ekanganeli na mabe: (Eteni 20-23).

Mpo ete makabo epesamaka na ba oyo batalisaka Nzambe na bomoi mpe babikisaka bato, isengeli kotalisama nan se na bokambi na Molimo Mosantu. Bongo, liboso na kosenga Nzambe mpona makabo na Ye, tosengeli naino kobunda mpona kokoma bayengebene na miso na Ye.

Sima na molimo na biso kokende liboso mpe tomibongoli na esaleli eye Nzambe Akoki kosalela, Apesi an biso nzela ete tosenga makabo na lisungi na Molimo Mosantu mpe Apesa na biso likabo esengaki biso.

Toyebi ete moko na moko na batata na biso kati na kondima asalelamaki mpona makambo na ye. Basusu batalisaka na monene nguya na Nzambe, basusu basakolaki kaka na kotalisa nguya na Nzambe te, mpe basusu balakisaki kaka bato. Na tango ye azalaki kobika kati na Ejipito ezaleli na Mose ezalaki mpenza moto moto nde abomaki na ngonga moko Moejipito oyo asalaki mabe mpona ndeko na ye Moyisalele (Esode2:12). Kas sima na ebele na mimekano, Mose Akamaka moto na komikitisa mingi, na komikitisa koleka moto nioso nan se na moi mpe bongo azwaki nguya monene. Abimisaki Bayisalele libanda na Ejipito na kotalisaka bilembo na bikamwiseli na lolenge na lolenge

(Mituya 12:3).

Toyebi mpe libondeli na Mosakoli Eliya lolenge ekomami kati na Yakobo 5:17-18 ete, "Eliya azalaki moto na ezaleli moko na biso; abondelaki makasi ete mbula enoka te mpe enokaki na mokili te kino bilanga misato mpe sanza motoba.Lisusu mpe abondelaki, mpe likolo epesaki mbula mpe mabele ebotaki mbuma na yango."

Lolenge tomoni mpe lolenge Biblia elobeli biso, libondeli na moyengebene ezalaka na nguya mpe esalaka. Makasi mpe nguya na moyengebene ekesenisaka. Na tango ezali na lolenge na libondeli na wapi bato bakokaka te kozwa biyano na Nzambe ata sima na ebele na ba ngonga na kobondela, ezali mpe na libondeli na makasi monene eye ekokitisaka biyano na Ye lolenge moko na kotalisama na nguya na Ye. Nzambe Asepelaka kondima libondeli na kondima, bolingo, mpe komikaba mbeka, mpe Andimelaka bato ete bapesa nkembo epai na Ye na nzela na ebele na makabo mpe nguya Apesaka na bato.

Kasi, tozalaka sembo longwa na ebandeli te; kaka sima na kondimela Yesu Christu nde tokomaka bayengebeni kati na kondima. Tokomaka bayengebene kolandisama na lolenge biso tososolaka masumu na koyokaka Liloba na Nzambe, tolongoli solo te, mpe tofulukisi molimo na biso. Lisusu, mpo ete tokobongolama kati na baton a sembo mingi lolenge tozali kokoba na kobika mpe kotambola kati na pole mpe kati na boyengebene, mokolo nioso kati na bomoi na biso esengeli kombongwana na Nzambe mpo ete tokoka mpe kotatola lolenge ntoma Paulo asalaka ete, "Nazali kokufa mokolo na mokolo" (1 Bakolinti 15:31).

Nasengi na moko na moko kati na bino atala sima na bomoi na bino kino na esika oyo, mpe amona soki efelo etelemi na nzela na bino mpe Nzambe, nde soki bongo, bokweisa yango na kozela te.

Tika ete moko na moko na bino atosa kati na kondima, amikaba mbeka kati na bolingo, mpe abondela lokola moyengebene mpo ete bokoka kobengama sembo, bozwa mapamboli na Ye kati nioso ezali bino kosala, mpe bopesa nkembo epai na Nzambe na komikanga soko te, na nkombo na Nkolo Nabondeli.

Chapitre 6

Nguya Monene na Kobondela Kati na Kondimana

Iisusu Nazali koloba na bino solo ete,
soko mibale na bino bakondimana
kati na mokili mpona eloko
nini ekosenga bango,
Tata na Ngai na likolo Akosunga bango bongo.
Mpo ete wana mibale to mpe misato bayangani
mpona nkombo na Ngai,
Ngai Nazali kati na bango.

(Matai 18:19-20)

1. Nzambe Asepelaka Koyamba Libondeli kati na Kondimana

Ezali na lisese na Kikoreen elobeli biso ete, "Ezalaka malamu kotombola elongo ata eteni na likasa." Esika na komolongola yo moko mpe koluka kosala nioso nay o moko, lisese na bakolo oyo elakisi biso ete, komonana malamu mpe lifuti malamu ekotalisama na tango bato babale to mpe mingi na koleka basangani mpona kosala elongo. Bokristu eye ebetisaka sete mpona bolingo mpona bazalani na moto mpe bandeko na lingomba esengeli kozala ndakisa malamu kati na eloko oyo mpe lokola.

Mosakoli 4:9-12 elobi na biso ete, "Mibale baleki moko na malamu, pamba te bakozala na libonza malamu kati na mosala na bango. Mpo été soko bakokweya, moko akotombola moninga na ye. Kasi wana epai na ye oyo azali bobele na ye moko wana ekokweya ye„ mpo ete mosusu mpona kotombola ye azali te.Lisusu soko mibale bakolalana elongo bakozua moto; nde moko, bobele ye mpenza, akozua moto na nzela nini? Ata moto akoki koleka ye oyo azali bobele ye moko, nde mibale bakotelemela ye. Nkamba na nsinga misato ekokatama noki te."

Makomi oyo elakisi biso ete na tango bato basangani mpe bayokani, nguya monene mpe esengo ekobima.

Lolenge moko, Matai 18:19-20 elobeli biso boni motuya ezali mpona bandimi kosangana mpe kobondela kati na kondimana. Ezali na mabondeli na moto na moto" esika wapi bato babondelaka mpona makambo na abngo moko kolandisama na bosenga na moto na moto lolenge ezali bango kotanga Liloba na Nzambe na tango na kimia, mpe "kobondela kati na kondimana" esika wapi ebele na bato basangani mpona konganga epai na Nzambe.

Lolenge Yesu Aloba na biso ete, "Soki babale to mpe basato bandimami na mokili" mpe "esika mibale to misato basangani na nkombo na Ngai," libondela kati na koyokana elakisi libondeli na ebele kati na likanisi moko. Nzambe Alobelaka na biso ete Asepelaka mpona kondima libondeli kati na kondimana mpe Alaki na biso ete Akosala nioso ezali biso kosenga Ye mpe Akozala wana na tango mibale to misato basangani na nkombo na Nkolo na biso.

Lolenge nini tokoki kopesa nkembo na Nzambe na biyano tozwi epai na Ye na nzela na kobondela kati na kondimana na ndako, mpe na lingomba, mpe kati na ba groupe to mpe na ba cellule? Tika biso tozindisama kati na ntina mpe lolenge na kobondela kati na kondimana mpe tokomisa nguya na Ye lipa mpo ete tokoka kozwa epai na Nzambe nioso ezali biso kosenga mpona bokonzi na Ye, boyengebene, mpe lingomba, mpe tokumisa Ye mingi na koleka.

2. Ntina na Kobondela kati na Kondimana

Na ebandeli na biteni oyo esika wapi Chapitre oyo efandisami, Yesu Alobi na biso ete, "Lisusu Nazali koloba na bino solo ete soko mibale na bino bakondimana kati na mokili mpo na eloko nini ekolomba bango, Tata na Ngai na Likolo Akosunga bango bongo" (Matai 18:19). Awa tomoni eloko moko na kokesana moke. Esika na kolobela "libondeli na moto moko," "bato misato," to "mibale to ebele na bato," mpona nini

Yesu Alobelaki mpenza ete "Soko mibale na bino bakondimana kati na mokili mpona eloko nini ekosenga bango" mpe abetisi sete na "mibale kati na bino".

Awa "mibale na bino" elobeli mingi mingi, moko na moko kati na biso "Ngai" mpe bato misusu. Na lolenge mosusu, "mibale kati na bino" ekoki kolobela moto moko, bato zomi, mokama na bato, to mpe nkoto na bato, likolo na moto ye moko.

Bongo nini ezali limbola na molimo mpona "mibale kati na bino"? Tozali na biso moko "moko" mpe kati na biso Molimo Mosantu Afandaka na lolenge na Ye moko. Lokola Baloma 8:26 etangi ete, "Bongo mpe Molimo Akosungaka biso kati na bolembu na biso. Mpo ete toyebi te kobondela na motindo mokoki. Nde kati na mikima na biso miyokami te, Molimo Ye moko Akobondelaka mpona biso," Molimo Mosantu oyo Ye moko Azali kobondela mpona biso Akomisaka motema na biso tempelo na kofanda.

Tokozwaka bokonzi na oyo tobengami bana na Nzambe na tango tondimeli Ye mpe toyambi Yesu lokola Mobikisi na biso. Molimo Mosantu Akoya mpe Akosekwisa molimo na biso oyo ekufaka likolo na lisumu na bison a ebandeli. Na boye, kati na moko na moko na biso lokola bana na Nzambe ezali na motema na ye moko mpe Molimo Mosantu na Ezaleli na Ye moko.

Bato mibale na mokili" elakisi libondeli na motema na biso moko mpe libondeli na molimo na biso oyo ezali libondeli na Molimo Mosantu (1 Bakolinti 14:15; Baloma 8:26). Na koloba ete "bato babale na mokili bandimani mpona kosenga eloko oyo bango babale bayokani mpona yango elakisi ete mabondeli oyo mibale mibonzami epai na Nzambe kati na konidimana. Lisusu, na tango Molimo Mosantu asangani na moto kati na libondeli na ye to mpe mibale to mingi na koleka kati na libondeli na bango, ezali mpona "bino mibale" na mokili kondimana mpona eloko nioso bokosengaka.

Kati na kokanisaka ntina na kobondela kati na kondimana, tosengeli kokutana na kokokisama na bilaka na Nkolo ete,"Lisusu nazali koloba na bino solo ete soko mibale na bino bakondimana kati na mokili mpona eloko nini ekolomba bango, Tata na Ngai na Likolo Akosunga bango bongo."

3. Ba Lolenge na Kondelaka Katina Kondimana

Nzambe Asepelaka mpona kondima libondeli kati na kondimana, Apesaka nokinoki biyano na Ye mpona libondeli na lolenge eye, mpe Atalisaka mosala na Ye monene mpo ete bato babondelaka epai na Ye na motema moko.

Ekozala solo moto na esengo ekopunjaka, kimia, mpe nkembo ezanga suka epai na Nzambe soki Molimo Mosantu mpe moko na moko kati na biso abondeli na motema moko. Tokokoka kokitisa eyano na moto" mpe na kotika te kotatola epai na Nzambe na bomoi. Kasi, mpona kokoma motema moko ezali pete te, mpe komema motema moko kati na kondimana esengi na moto amikaba mpenza mingi.

Toloba ete mosali azali na bakolo mibale. Bongo komikaba na ye mpe motema na ekokabolama te? Likambo ekokoma makasi na koleka soki bakolo na mosali oyo bazali na bokeseni na bizaleli mpe ba lolenge.

Lisusu, toloba été bato mibale basangani mpona kobongisa

mambi na elambo. Kasi, soko bango bakoki te kozala likanisi moko mpe bango batikali na kokabwana kati na ba opinioon na bango moko, ekozala na motuya koleka mpona kosukisa été makambo mazali kotambola mpenza malamu te. Lisusu, soki bango babale basalaki misala na bango kati na koluka biloko mibale mikesana kati na motema, lifuti na bango ekoki komonana lokola etamboli malamu na libanda kasi suka na yango ekozala malonga te. Na bongo, makoki mpona kozala na motema moko ezala kobondela na moto ye moko, to mpe na moto mosusu, to na bato babale to mpe ebele na bato ezali fongola mpona kozwa eyano na Nzambe.

Lolenenge nini bongo tokoki kozala moko kati na motema?

Bato kobondela kati na kondimana basengeli kobondela kati na lisungi na Molimo Mosantu, bakoma moko kati na Molimo Mosantu, mpe babondela kati na Molimo Mosantu (Baefese 6:18). Mpo ete Molimo Mosantu Amemaka likanisi na Nzambe, Alukakalukaka makambo nioso, ata mozindo na Nzambe (1 Bakolinti 2:10) mpe Abondelaka mpona biso kolandisama na mokano na Nzambe (Baloma 8:27). Na tango tozali kobondela lolenge Molimo Mosantu Akokamba makanisi na biso, Nzambe Asepelaka mpona koyamba libondeli na biso, Apesa biso nioso ezali biso kosenga, mpe ata koyanola mposa na motema na biso.

Mpona kobondela kati na kotondissama na Molimo Mosantu, tosengeli kondimela Liloba na Nzambe na tembe moko te, totosa kati na solo, tosepelaka tango nioso, tobondelaka na kotika te, mpe topesa matondi kati na makambo nioso. Tosengeli mpe kobelela Nzambe na motema mobimba. Na tango totalisi kondima na Nzambe eye elandisamaka na misala mpe na kobundaka kati na kobondela, Nzambe Asepelaka mpe Apesaka na biso esengo na nzela na Molimo mosantu. Yango elobami "kotondisama" na mpe "kotambwisama" na Molimo Mosantu.

Bndimi na sika misusu to mpe ba oyo bazalaki te kobondela na lolenge esengela naino batikala kozwa nguya na kobondela mpe bongo bamonaka kati na kondimana ete kobondela ezali pasi mpe kokoso. Soki baton a lolenge oyo bameki kobondela mpona tango moko, bakomeka kotalisa malombo na lolenge na lolenge kati na kobondela kasi bango moko bakoki ata kobondela tango moko te. Bakomitungisa mpe bakolembaka, bakozela kati na komitungisa ete tango eleka nokinoki, mpe bakosuka na komilobelalobela kati na kobondela. Libondeli oyo ezali libondeli na molema yango eyanolamaka na Nzambe te.

Mpona ebele na bato, ata soki bazala koya na ndako na Nzambe koleka zomi na ba mbula, kobondela na bango ezali naino na molema. Mpona ebele na bato oyo bakomilelaka mpe bakoyimaka mpona bozangi na biyano na Nzambe bango bakoka te kozwa biyano na Ye mpo ete kobondela na bango ezali oyo na molema. Kasi, yango elingi te koloba ete Nzambe Abaloleli libondeli na bango mokongo. Nzambe Ayokaka kobondela na bango; Akoki kaka koyanola yango te.

Basusu bakoki kosenga malamu, "Bongo oyo elakisi ete ezali na litomba moko ten a kobondela mpo ete tobondeli na lisungi na Molimo Mosantu te?" Kasi yango ezali bongo te. Ata soki bazali kobondela kaka na makanisi na bango, lokola bazali konganga epai na Nzambe kati na molende bikuke na kobondela ekofungwama mpe bango bakozwa nguya na kobondela mpe bakoya na kobondela kati na molimo. Soki kobondela ezali te, bikuke na kobondela mikoki te kofungwama. Mpo été Nzambe Ayokaka ata libondeli na molema, na tango bikuke na kobondela mifungwami, bokosangana na Molimo Mosantu, mpe bokozwa biyano mpona oyo bosengaki na kala.

Toloba ete ezalaki na mwana mobali oyo esepelisaki tata na ye te. Mpo ete mwana mobali akokaki te kosepelisa tata na ye kati na misala, akokaki mpe te kozwa eloko oyo asengaki epai na tata na ye. Kasi, mokolo moko muana mobali oyo abandi kosepelisa tat na ye na misala na ye mpe tata abandi komona mwana lolenge na motema na ye moko. Sasaipi, lolenge kani tata akobanda kosalela mwana na Ye? Bokanisa ete boyokani na bango ezalaki lisusu te lolenge ezalaka na kala. Tata akolikia kopesa eloko nioso mwana na ye mobali akosengaka mpe mwana abanda ata kozwa biloko nioso esengaka ye na mikolo na kala.

Lolenge moko, ata soki kobondela na biso euti na makanisi na biso, na tango etondisami, tokozwa nguya na kobondela mpe tokoya na kobondela na lolenge oyo ekosepelisaka Nzambe lolenge bikuke na losambo ekofungwamela bino. Tokozwa ata biloko oyo tosengaka na Nzambe na kala mpe tokoya na kososola ete Atikala kobosana ata eloko moko te kati na kosenga na biso na kobondela.

Lisusu, na tango tozali kobondela kati na molimo kati na kotondisama na Molimo Mosantu, tokotikala komitungisa te to mpe tokweya kati na kolala to mpe na makanisi na mokili kasi tokobondela kati na kondima mpe na esengo. Yango lolenge nini ata etuluku na bato bakoki kobondela kati na kondimana mpo ete bazali kobondela na molimo mpe kati na bolingo na likanisi moko mpe na mokano moko.

Totango kati na eteni na mibale na makomi wapi Chapitre eye efandisami ete, "Pamba te esika mibale mpe misato basangani na nkombo na Ngai, Nazali kati na bango » (Matai 18 :20), Na tango bato basangani mpona kobondela na nkombo na Yesu Christu, bana na Nzambe oyo bayambi Molimo Mosantu bazali na mozindo kobondela kati na kondimana, mpe Nkolo na biso Akozala solo esika bango bazali. Na maloba mosusu, na tango lisanga na bato oyo bayambi Molimo Mosantu basangani mpe babondeli elongo kati na kondimana, Nkolo na biso Akomona makanisi na moko na moko, Akosangisa bango na Molimo Mosantu, mpe Akotambwisa bango mpo ete bango bazala na likanisi moko mpo ete libondeli na bango esepelisa Nzambe.

Kasi, soki lisanga na bato bakoki te kosangana mpe bazala na motema moko, lisanga mobimba bakoka te kobondela na kondimana to mpe kobondela longwa na motema na moko na moko kati na bango ata soki bazalai kobondela mpona likambo moko mpo ete motema na moko na moko endimami ten a motema na mosusu kati na lisanga. Soki motema na bato kati na lisanga ekoki te kosangana mpona kokoma moko, mokambi asengeli komema bango na tubela mpe na masanjoli, mpo été motema na bato basangani ekoka kokoma moko kati na Molimo Mosantu.

Nkolo na biso Akozala elongo na bato bazali kobondela na tango bakomi moko kati na Molimo Mosantu, lolenge ezali Ye kokamba mpe kotambwisa motema na moto moko na moko kati na lisanga. Na tango libondeli na bato ezali na kondimana te, esengeli kososolama malamu ete Nkolo na biso Akozala elongo na bato na lolenge wana te.

Na tango bato bakomi moko kati na Molimo Mosantu mpe babondeli kati na kondimana, moto nioso akobondela na motema na ye nioso, atondisama na Molimo Mosantu, batoka na ba nzoto na bango, mpe bandima solo ete Nzambe Azali koyanola bango mpo na oyo bazali kosenga lokola kokangama na esengo elati bango longwa na likolo. Nkolo na biso Akozala elongo nab to bazali kobondela na lolenge oyo, mpe libondeli na lolenge oyo ezali mpenza oyo esepelisaka Nzambe.

Kati na kobondelaka na kondimana kati na kotondisama na Molimo Mosantu mpe longwa na motema nay o, Nakolikia moko na moko na bino azwa nioso bosengaki kati na kobondela mpe boye bopesa nkemba nkembo na Nzambe na tango bosangani elongo na basusu kati na cellule na bino mpe lisanga mpe na ndako to lingomba.

Nguya Monene na Libondeli kati na Kondimana

Moko na litomba na kobondela kati kondimana ezali bokeseni kati na mbangu na oyo bato bazali kozwa biyano na Nzambe mpe lolenge na mosala Atalisaka mpo ete, lokola ndakisa, ezali na bokeseni monene kati na bosenga na moto moko kati na kobondela na minute 30 mpe na oyo na bato zomi kati na kobondela na likambo moko wana. Na tango bato bazali kobondela kati na kondimana mpe Nzambe Asepeli mpona kondima libondeli na bango, bakokutana na mosala ekosaka ten a Nzambe mpe nguya monene na kobondela na bango.

Kati na Misala 1:12-15, tomoni ete sima na lisekwa na Nkolo na biso mpe konetwama na Ye na Lola lisanga na bato ata bayekoli na ye elongo basanganaki kati na mabondeli na kotika te. Motuya na bato kati na lisanga wana ezalaki pembeni na mokama na ntuku mibale. Kati na elikia makasi na koyamba Molimo Mosantu oyo Yesu Alakaki bango, bato oyo basanganaki mpona kobondela kati na kondimana kino mokolo na Pentecote.

Wana esilaki mokolo na Pentecote koya, bazalaki nioso elongo na esika moko. Lokito ebimi na likolo pwasa lokola lokito na kopepa na mopepe makasi. Etondisi ndako mobimba kuna efandi bango. Ndemo lokola moto imonani na bango, ikabwani, ifandi moko moko na motó na moto na moto na bango. Bango nioso batondaki na Molimo Mosantu, mpe babandi kosolola na nkoto mosusu, pelamoko Molimo epesi bango maloba (Misala 2:1-4).

Boni kokamwisa ezali mosala oyo na Nzambe? Lokola ebondelaki bango kati na kondimana, moto nioso kati na bango oyo basanganaki, mokama na ntuku mibale azwaki Molimo mosantu mpe babandaki koloba na nkoto na sika. Bantoma mpe bazwaki nguya monene na Nzambe nde bongo kaka na liteya na Petelo mpe motuya na bato oyo bandimelaki mpe babatisamaki ezalaki nkto misato (Misala 2:41). Lokola bilembo mpe bikamwiseli na lolenge na lolenge ezalaki kotalisama na maboko na bantoma, ebele na bandimeli emataki mokolo na mokolo mpe bomoi na bandimi ebandaki mpe kombongwana (Misala 2:43-47).

Ezalaki bango kotala molende na Petelo na Yoane, mpe eyebaki bango ete bazali bato bameseni na mikanda te, mpe bato bayekoli makambo te, bakamwi mpe basosoli bango ete bazalaki na Yesu esika moko. Nde ezalaki bango kotala moto yango oyo abiki, kotelema na bango elongo, bayebaki kozongisa monoko te (Misala 4:13-14).

Bilembo mingi na bikamwiseli bizalaki kosalama na maboko na bantoma kati na bato, mpe bazalaki bango nioso na motema moko na balasani na Solomo. Kati na bato mosusu, moto moko azalaki na molende na kosangana na bango te, kasi bango bakumisi bango mingi; mpe bandimeli babakisami na Nkolo koleka na liboso, ebele na mibali mpe basi. Boye bamemikati babeli kati na nzela, mpe batii bango na mbeto mpe na matoko ete ata elilingi na Petelo ekweyela na bamoko na bango, wana ezalaki ye kotambola. Ebele na baton a mboka na bipai na Yelusaleme bayanganaki, mpe bamemi babeli, na batungisami na milimo na mbindo, mpe bango nioso babiki (Misala 5:12-16).

It was the power of prayer in agreement that enabled the apostles to boldly preach the Word, heal the blind, the crippled, and the weak, revive the dead, heal all kinds of diseases, and drive out evil spirits.

Ezalaki nguya na kobondela kati na kondimana eye epesaki na bantoma makoki na koteya kati na nguya Liloba, kobikisa bakufi miso, bakakatani, mpe baton a bolembu, basekwisa bakufi, babikisa bokono na lolenge nioso, mpe babimisa milimo mabe.

The following is an account of Peter who was at the time imprisoned during the reign of Herod (Agrippa I) that was marked largely by his persecution on Christianity. In Acts 12:5

we find, "So Peter was kept in the prison, but prayer for him was being made fervently by the church to God." While Peter was asleep, bound with two chains, the church was praying in agreement for Peter. After God heard the church's prayer, He sent an angel to rescue Peter.

Oyo elandi ezali lisolo na Petelo oyo na tango wana akangemaki kati na bokonzi na Helode (Agripa wa I) yango etalisamaki mingi na konyokola na ye na Bakristu. Kati na Misala 12:5 tomoni ete, "Na bongo Petelo abatelami kati na boloko, nde lingomba ezalaki kobondela Nzambe makasi na ntina na ye." Na tango Petelo azalaki kolala, mokangemi na minyololo mibale, lingomba ezalaki kobondela kati na kondimana na Petelo. Sima na Nzambe koyoka libondeli na lingomba, Atindaki mwanje mpona kobikisa Petelo.

Butu liboso na Helode komema Petelo na kosambisama, ntoma azalaki kolala mpongi na minyololo minale na tango bakengeli na kotelema bazalaki kokengela ye na ekuke (Misala 12:6). Kasi, Nzambe Atalisaki nguya na Ye na kofungola minyololo mpe na kofungola ekuke na ebende na boloko kofungwama na yango moko (Misala 12:7-10). Na tango na kokoma na ye na ndako na Malia mama na Yoane, oyo mpe abengamaki Malako, Petelo amonaki ete ebele na bato basanganaki mpe bazalaki kobondela mpona ye (Misala 12:12). Mosala na kokamwisa boye ezalaki lifuti na nguya na lingombakobondela kati na kondimana.

Lingomba mobimba esalaki yango mpona mokangemi Petelo basengelaki kobondela kati na kondimana. Na boye, na tango minyoko ekangi lingomba moko to mpe na tango bokono ebeti bandimi, esika na kosalela makanisi na bato mpe ba nzela na komitungisa mpe na kobangabanga, bana na Nzambe basengeli naino kondima ete Akosilisa makambo nioso na maboko na bango mpe bayaka elongo kati na likanisi moko mpe babondela na kondimana.

Nzambe Alandelaka mingi libondeli na lingomba kati na kondimana, asepelaka na kobondela kati na koyokana, mpe ayanolaka mabondeli na lolenge oyo na misala na Ye na bikamwa. Bokoki kokanisa lolenge niniNzambe Akosepela mpona komona ban aba Ye kobondela kati na kondimana mpona Bokonzi na Ye mpe Boyengebene?

Lokola bato bakobanda kotondisama na Molimo Mosantu mpe babondeli na milimo na bango na tango basangani mpona kobondela kati na kondimana, bakokutana na mosala monene na Nzambe. Bakozwa nguya mpona kobika kati na Liloba na Nzambe, bazala batatoli epai na Nzambe na bomoi lolenge lingomba na ebandeli mpe ba ntoma basalaka, bayeisa monene bokonzi, mpe bazwa nioso ezali bango kosenga.

Tika ete bino botaleka ete Nzambe na biso Alaka na biso ete Akoyanola bison a tango tosengi mpe tobondeli kati na kondimana. Tika ete moko na moko kati na bino asosola mpenza mpenza ntina na kobondela kati na kondimana mpe akutana na molende na ba oyo bazali kobondela na nkombo na Yesu Christu, mpo ete bomona naino nguya na kobondela kati na kondimana, bozwa nguya na kobondela, mpe bokoma basali na motuya ba oyo bazali kotatola Nzambe na bomoi, na nkombo na Nkolo Nabondeli!

Chapitre 7

Kobondelaka Tango Nioso mpe Kotika Te

"Mosambisi azalaki na mboka moko, oyo abangaki Nzambe te mpe akanisaki moto te.
Nde na mboka yango mwasi oyo akufeli mobali azalaki, mpe ayaki epai na ye mpe alobaki ete,
'Longisa ngai na ntina na moyini na ngai.'
Na liboso aboi,
nde na nsima alobi na motema na ye ete,
'Ata soki nabangi Nzambe te, mpe nakanisi moto te, nde mpo ete mwasi oyo atungisi ngai, nakolongisa ye ete alembisa ngai na koya mingi boye te.
Nkolo Alobaki ete,
'Yoka yango elobi mosambisi mabe.
Nzambe Akolongisa baponami na Ye te, baoyo bazali kobianga ye moi nab utu, mpe baoyo Azali koyoka bango na motema molai?
Nalobi na bino ete akolongisa bango nokinoki.

(Luka 18:1-8).

1. Lisese na Mwasi na Molende Akufela Mobali

Na tango Yesu Azalaka kolakisa Liloba na Nzambe epai na ebele na bato, Alobelaka bango na kozangisa lisese te (Malako 4:33-34). "Lisese na mwasi na molende akufela mobali" na oyo chapitre oyo efandisama epesi na biso mayele mpona motuya na libondeli na molende, lolenge nini tosengeli kobondela tango nioso, mpe lolenge nini tosengeli te kotika.

Molende na lolenge nini bino bobondelaka na yango mpona kozwa biyano? Bino bozali kotika na kobondela na bino to mpe botika mpo ete naino Nzambe Ayanola mabondeli na bino te?

Kati na bomoi ezalaka na makambo mingi na minene mpe na mike. Na tango tozali koteya bato Sango Malamu mpe tolobeli bango mpona Nzambe na bomoi, basusu bazali koluka Nzambe bakobanda koya na mayangani mpona kosilisa makambo na bango mpe basusu bazali koya kaka mpona koyokisa mitema na bango malamu.

Na kotalaka te ntina na oyo bato babandi koya na ndako na Nzambe, lolenge bakosanjola Nzambe mpe bakoyamba Yesu Christu, bakoyekola ete bango, lokola bana na Nzambe, bakoki kozwa nioso basengi mpe ba mbongwana na baton a mabondeli.

Na boye bana nioso na Nzambe basengeli koyekola na nzela na Liloba na Ye kobondela na lolenge nini Ye Asepelaka na yango, babondela kolandisama na motuya kati na lilombo, mpe bazwa kondima na koyika mpiko mpe na kobondela kino tango ekozwa bango mbuma na biyano na Nzambe. Yango tina baton a kondima bayebaka motuya na kobondela mpe babondelaka na momesano. Basalaka lisumu na kozanga kobondela tea ta soki bango bazwaka eyano na mbala moko te. Esika na bango kotika, bakokobaka na kobondela makasi na koleka.

Kaka na kondima na lolenge oyo nde bato bakoki kozwa biyano mpe bapesa nkembo epai na Ye. Kasi, ata soki ebele na bato bakotatolaka ete bandimaka, ezali pasi mpona kokutana na kondima monene lokola oyo. Yango ntina Nkolo na biso Azali komilela mpe Akomitunaka ete, "Kasi, tango Mwana na Moto Akoya, ekokuta Ye kondima kati na mokili?"

Na mboka moko ezalaki na mosambisi mabe moko, oyo mwasi akufeli mobali azalaki kotungisa mpe kobondela ete, "Longisa ngai na moyini na ngai." Mosambisi oyo na kanyaka alikiaki kanyaka kasi mwasi mobola akufela mobali oyo akokaki ata kopesa likuta te na kopesa kanyaka epai na mosambisi. Kasi, mwasi oyo akobaki na koya epai na mosambisi mpe abondelaki ye mpe mosambisi akobaki na koboyela bosenga na ye. Bongo mokolo moko, azalaki na mbongwana na motema. Bongo boye mpona nini? Boyoka nini mosambisi oyo amilobelaki ye moko ete:

"Ata nabangi Nzambe te mpe nakanisi mutu te, nde mpo ete mwasi oyo atungisi ngai, nakolongisa ye ete, alembisa ngai na koya mingi boye te!" (Luka 18:4-5)

Mpo ete mwasi akufeli mobali atikaki te mpe akobaki na

kokende epai na ye na bosenga na ye, ata mosambisi mabe oyo akokaki kaka kokweya na bosenga na mokufeli mobali oyo akobaki na kotungisa ye.

Na suka na lisese oyo Yesu Amesanaki kopesa biso fongola mpona kozwa biyano na Nzambe, Asukisaki boye ete,

"Nzambe Akolongisa baponami na Ye te, baoyo bazali kobianga Ye moi na butu, mpe baoyo Azali koyoka bango na motema molai."

Soki mosambisi mabe ayokaki kolomba na mwasi akufela mobali, mpo nini te Nzambe sembo Ayanola te na tango bana ba Ye babiangi epai na Ye? Soki bakoluka kozwa eyano mpona likambo moko boye, bakili bilei, babondeli butu mobimba, mpe babundi kati na libondeli, mpo nini te Nzambe Ayanola bango nokinoki te? Nandimi ete mingi kati na bino boyoka makambo esika wapi bato bazwaki biyano na Ye kati na kobondela na kokata ndai.

Kati na Nzembo 50:15 Nzambe Alobi na biso ete, "Bianga Ngai na mokolo na mpasi mpe Ngai Nakobikisa yo, Yo mpe okokumisa Ngai." Na lolenge mosusu, Nzambe Alingi mpona biso tokumisa Ye na koyanolaka libondeli na biso. Yesu Alobeli biso kati na Matai 7:11 ete, "Boye soko bino bato mabe boyebi kopesa bana na bino makabo malamu, Tata na bino na likolo Akoleka te kopesa biloko malamu na bango bakosengaka Ye!" Lolenge nini, Nzambe oyo na komikanga te Apesa na biso Mwana na Ye se moko mpona kokufela biso, Ayanola te libondeli na balingami Bana na Ye? Nzambe Azali na bosenga na kopesa biyano nia noki noki epai na balingami bana na Ye oyo balingaka Ye.

Kasi, mpona nini ebele na bato balobaka ete bazali na biyano na Ye tea ta soki bazali kobondela? Liloba na Nzambe Elobeli na biso kati na Matai 7:7-8 ete, "Bolombaka mpe bakopesaka bino; boloka mpe bokozuaka; bobetaka mpe bakozipwela bino. Pamba te moto na moto oyo akolombaka akozua; ye oyo akolukaka akomona; bakozipwela ye oyo akobetaka." Yango tina ekoki te mpona mpona libondeli na biso eyanolama te. Kasi, Nzambe Akoki te koyanola libondeli na biso likolo na lopango etelemi kati na nzela na biso na Ye, mpo été naino tobondeli na kokoka te, to mpe mpo été tango naino ekomi te mpona biso kozwa biyano na Ye.

Tosengeli tango nioso kobondela na kotikaka te mpo ete na tango toyiki mpiko mpe tokobi na kobondela kati na kondima, Molimo Mosantu akobuka efelo eye etelemi kati na Nzambe mpe biso mpe Akofungola nzela na biyano na Nzambe na nzela na tubela. Na tango motuya na mabondeli na biso emonani na kokoka na miso na Nzambe, Akoyanola biso solo.

Kati na Luka 11:5-8, Yesu Atangisi na biso lisusu mpona koyika mpiko mpe na kotungisa kati na malombi.

needs. Soko moko na bino azali na moninga, mpe akomi epai na ye na kati nab utu mpe alobi na ye ete, Moninga, sunga Ngai na mapa misato, mpo ete moninga na ngai mosusu akomi epai na ngai na mobembo, mpe nazali na eloko na kotia liboso na ye te. Mpe soko ye wana akozongisa monoko na kati na ndako ete, 'Kotungisa ngai te. Ekuke esili kozipama, mpe bana na ngai balali na ngai elongo na mbeto. Nakoki kobima kopesa yo yango te. Nalobi na bino ete ata akobima kopesa ye yango mpo na kozala moninga na ye te, nde akobima kopesa ye nioso esengi ye mpo ete azali na nsoni te.

Yesu Alakisi biso ete Nzambe Aboyaka te kasi Ayanolaka malombi na bana na Ye. Na tango tozali kobondela Nzambe tosengeli kobondela makasi mpe na molende. Elingi te koloba ete bozali kaka kosenga kasi bozali kobondela mpe kosenga na bondimi ete bosili kozua yango. Biblia elobelaka mingi na batata na kondima ba oyo bazwaki biyano mpona kondima na kobondela na lolenge oyo.

Sima na Yakobo kobunda na mwanje na Libeke na Yaboki kino tongo kotana, abondelaki makasi mpe asengaki mingi mpona kopambolama, na kolobaka ete, "Nakotika yo te kino tango okopambola ngai" (Genese 32:26), mpe Nzambe Andimelaki Yakobo mapamboli. Kobanda mokolo wana, Yakobo abengamaki "Yisalele" mpe akomaki tata na Bayisalele.

Matai 15, mwasi Mokanana oyo mwana na ye na mwasi azalaki konyokwama na kokangama na milimo mabe ayaki naino epai na Yesu mpe Abelelaki Ye ete, "Є, Nkolo Mwana na Dawidi, yokela ngai mawa! Mwana mwasi na ngai azali na molimo mabe." Nde, Yesu Azongiseli ye liloba te (Matai 15:22-23). Na tango mwasi oyo ayaki mpona mbala na mibale, afukamaki liboso na Ye, mpe abondelaki Ye, Yesu Alobaki kaka ete, "Natindami bobele mpona bam pate na ndako na Yisalele baoyo babungi" mpe aboyaki bosenga na mwasi (Matai 15:25-26). Na tango mwasi atungisaki lisusu Yesu ete, "Ɛɛ, Nkolo ata bana na mbwa baliaka mpumbu oyo ikokweyaka longwa na mesa na nkolo na bango. Yesu Alobaki na ye ete, 'Ɛ, mama kondima nay o ezali monene mpenza! Ebimela yo lokola elingi yo" (Matai 15:27-28).

Na lolenge moko tosengeli kolanda makolo na batata na biso kati na kondima lolenge Liloba na Nzambe esengi mpe kobondelaka tango nioso. Mpe tosengeli kobondela kati na kondima, na likanisi na tosilaki kozwa yango, mpe na motema na molende. Kati na kondima epai na Nzambe na biso oyo Andimeli biso kobuka na tango ekoki, tosengeli kokoma balandi na solo Christu kati na bomoi na bison a kobondela na kotika soko te.

2. Mpona nini Tosengeli Kondela Tango Nioso

Kaka lolenge moto akoki te kobatela bomoi na ye soki azali kopema te, bana na Nzambe ba oyo bayambi Molimo Mosantu bakoki te kokoma kati na bomoi na seko soki bazali kobondela te. Libondeli ezali lisolo na Nzambe na bomoi mpe mpema na molimo na biso. Soki bana na Nzambe ba oyo bayamba Molimo Mosantu bazali kosolola na Ye te, bakozimisa moto na Molimo Mosantu nde bongo bakokoka lisusu te kotambola na nzela na bomoi kasi kutu bakokende mosika na nzela na kufa, mpe na suka bakozanga lobiko.

Kasi, mpo ete libondeli ezongisaka lisolo na Nzambe, tokokoma kati na lobiko lolenge ezali biso koyoka mongongo na Molimo Mosantu mpe toyekola mpe tobika na mokano na Nzambe. Ata soki mitungisi ekoya na nzela na biso, Nzambe Akopesa na biso nzela na kokima yango, Akosala mpe mpona bolamu na biso kati na makambo nioso. Kati na kobondela tokomona mpe nguya na Nzambe na nguya nioso Ye oyo ayeisaka makasi mpona kotelemela mpe kolonga moyini zabolo, nde bongo topesa nkembo epai na Ye na kondima na biso elenda yango ekoki kokomisa ekokaki te, ekoka.

Boye, Biblia esengi na biso tobondelaka na kotika te (1 Batesaloniki 5:17) mpe yango ezali mokano na Nzambe" (1 Batesaloniki 5:18). Yesu Atia mpona biso elembo esengeli mpona losambo na kobondelaka tango nioso kolandisama na mokano na Nzambe na kotalaka ngonga mpe esika te. Abondelaki kati na lisobe, likolo na ngomba, mpe bisika mingi na koleka, mpe Abondelaki tongotongo mpe na butu.

Na kobondela na kotika te, ba tata na biso kati na kondima babikaki kati na mokano na Nzambe. Mosakoli Samuele alobi na biso ete, "Mpo na ngai mpe, nasalela YAWE lisumu oyo te ete natika kobondela mpona bino, kasi nakolakisa bino nzela oyo ezali malamu mpe alima" (1 Samuele 12:23). Libondeli ezali mokano na Nzambe mpe mobeko na Ye; Samuele alobi na biso ete kozanga kobondela ezali lisumu.

Na tango tozali kobondela te to mpe topemi kati na bomoi na bison a koobondela, makanisi na mokili makokotela makanisi na biso mpe ikopekisa bison a kobika kolandana na mokano na Nzambe mpe tokoya na kokutana na ba kokoso mpo ete kobatelama na Nzambe ezali te. Boye, na tango bato bakweyaka kati na komekama bayimakayimaka epai na Nzambe to mpe bakokendaka mosika mingi na ba nzela na Ye.

Mpona ntina oyo 1 Petelo 5:8-9 ekanisisi biso ete, "Bomisenjela boolala mpongi te; motelemeli na bino, oyo mabe, Azali kotambola lokola nkosi konguluma, kolukaluka soko akolia nani. Botelemela ye ngwi mpona kondima, boyeba ete mpasi na motindo moko mpenza ezali bandeko na bino bipai mosusu na mokili" mpe Asengi na biso ete tobondela tango nioso. Tika te ete tobondelaka kaka soki likambo ezali kasi tango nioso, mpo ete tozala bana bapambolama na Nzambe ba oyo nioso na makambo na bango mazali kotambola malamu.

3. Na Ngonga Esengeli Tokobuka na Tango na Kobuka Biloko

Bagalatia 6:9 etangi ete, "Tolembaka mpona kosala malamu te pamba ten a ntango oyo ekoki, tokobuka soki totiki motema te." Ezali lolenge moko na kobondela. Na tango tozali kobondela tango nioso kolandisama na mokano na Nzambe na kotikaka te mpe tango ngonga esengeli ekokoma, tokobuka mbuma.

Soki mosali na bilanga abandi kokoma moto moto sima na ye kolona nkona mpe atimoli nkona alonaki na mabele, mpe soki azangi kolandela nzete moke mpe kozela, nini bongo ekozala litomba na kobuka mbuma? Kino tango ekozwa biso biyano kati na kobondela na biso, komikaba mbeka mpe koyika mpiko ekosengela.

Lisusu, tango na kobuka ekesanaka kolandisama na lolenge na nkona elonamaki. Ba nkona misusu ebimisaka ba mbuma sima na ba sanza moke na tango misusu mikoki kozwa ba mbula. Ba ndunda mpe ba graine mikobukamaka na pete mingi koleka ba pomme to mpe misisa na komonana mingi te lokola ginseng. Mpona ba nkona nan a motuya mpe na kitokomingi, tango mpe komikaba mingi esengeli mpona yango.

Bosengeli kososola ete mabondeli na koleka esengela mpona makambo minene mpe na makasi oyo bino bozali kobondela mpona yango. Na tango mosakoli Daniele amonaki emoniseli mpona makambo na lobi na Yisalele, alelaki mpona poso misato mpe abondelaki, Nzambe Ayokaki libondeli na Daniele na mokolo na liboso mpe Atindaki mwanje mpona kososolisa misakoli (Daniele 10:12). Kasi, lokola mokonzi na nguya na mopepe atelemelaki mwanje mpona mikolo ntuku mibale na moko, mwanje akokaki koya epai na Daniele kaka na mokolo na suka, nde kaka wana nde Daniele ayaka koyeba mpona solo (Daniele 10:13-14).

Nini elingaki kosalema soki Daniele atikaka mpe atikaka kobondela? Ata soki akomaki na komitungisama mpe abungisaki makasi sima na emoniseli, Daniele akobaki na kobondela mpe na suka azwaki eyano na Nzambe.

Na tango tozali koyika mpiko kati na kondima mpe tobondeli kino tango tokozwa biyano na Ye, Nzambe Akopesa na biso mosungi mpe Akotambwisa bison a biyano na Ye. Yango tina mwanje oyo amemaki biyano na Nzambe epai na Daniele alobaki na mosakoli ete, "Mokonzi na bokonzi na Palasa atelemelaki ngai mikolo ntuku mibale na moko; nde Mikaele, moko na mikonzi oyo aleki na lokumu, akomaki kosunga ngai, bongo natikaki ye wana na esika moko na mokonzi na bokonzi na Palasa, mpe nakomi mpona koyebisa yo yango ekokwela baton a yon a mikolo na nsuka. Mpe emoniseli yango ezali mpona mikolo mikoya naino." (Daniele 10:13-14).

Bobondelaka mpona makambo na lolenge nini? Ezali libondeli na bino lolenge oyo ekomaka na kiti na bokonzi na Nzambe? Mpona kososola emoniseli eye Nzambe Atalisaki na ye, Daniele azwaki ekateli na komikitisa mpenza lolenge esalaki ye na koboya kolia bilei kitoko, ezala misuni to mpe vigno ekotaki te monoko na ye, mpe ye asalelaki mafuta moko ten a kopakola na loposo kino tango ba poso misato esilaki (Daniele 10:3). Lokola Daniele amikitisaki ye mpenza mpona ba sanza yango misato kati na libondeli na ndai, Nzambe Ayokaki libondeli na ye mpe Ayanolaki ye na mokolo na liboso.

Awa, tolandela malamu ete na tango Nzambe Ayokaki libondeli na Daniele mpe ayanolaki mosakoli na mokolo na liboso, ezwaki ba poso misato mpona biyano na Ye kokomela Daniele. Ebele na bato, na tango bakutani na likambo monene, bamekaka kobondela mpona mokolo moko to mibale mpe nokinoki batikaka. Bizaleli na lolenge oyo etalisaka kondima na bango moke. Nini tozali na yango mpenza bosenga kati na generation na bison a lelo ezali motema na oyo tondimeli kaka Nzambe na biso oyo solo ayanolaka biso, toyika mpiko, mpe tobondela, na koboya kotala ngonga na koyanolama na Nzambe. Lolenge kani tokoki kolikia eyano na Nzambe soki molende ezali te?

Nzambe Apesaka mbula na tango na yango, mbula na nsuka na mbula mpe na ebandeli, mpe Atia ngonga na kobuka (Yelemia 5:24). Yango tina Yesu Alobeli biso ete, "Bongo Nzali koloba na bino solo ete biloko nioso bizali bino kobondela mpe kolomba, bondima ete bosili kozua yango mpe ikozala na bino" (Malako 11:24). Mpo ete Daniele andimelaki Nzambe oyo Ayanolaka mabondeli, ayikaki mpiko mpe amipemisaki te. Yango mpo ete andimaki ete Nzambe, oyo Andimelaka biso tobuka nini elonaki biso mpe Afutaka biso mpona oyo esalaki biso, Akoyanola ye solo.

Biblia elobeli biso ete, "Kondima ezali elendiseli na biloko bikolikia biso; ezali mpe elimbweli na biloko bizangi komonana" (Baebele 11:1). Soki moto nani nani atikaki kobondela mpo ete naino amonaki eyano na Nzambe te, asengeli te kokanisa ete azali na kondima to mpe akozwa biyano na Nzambe. Soki azalaka na kondima na solo alingaki kotikala na esika moko oyo tte kasi akokoba na kobondela na kotika te. Yango mpo ete andimi ete Nzambe, oyo andimelaka biso tobuka nini tolonaki mpe Afutakka biso mpona oyo esalaki biso, aAkoyanola ye solo.

Lolenge Baefese 5:7-8 etangi ete, "Boye bosangana na abngo te, mpo ete bozalaki molili liboso nde sasaipi bozali Pole kati na Nkolo," tika ete moko na moko kati na bino azala na kondimana solo, ayika mpiko kati na kondondela Nzambe na Nguya –Nioso, mpe bozwa nioso esengaki bino kati na kobondela, mpe bobika bomoi etondisama na mapambooli na Nzambe, na nkombo na Nkolo Yesu Christu Nabondeli!

Mokomi:
Dr. Jaerock Lee

Dr Lee abotama na Muan Province na Jeonnam, Republique na Coree, na 1943. Na tango azalaka na ba ntuku mibale ma ye, Dr. Lee anyokwama na ba bokono kilikili mpona ba mbula sambo mpe azalaka kaka kozela kufa na elikya moko te na kozongela nzoto malamu. Kasi mokolo moko kati na tango moi elingaka kokoma makasi mingi na 1974 akambamaki na egelesia epai na kulutu na ye ya muasi mpe na tango afukamaki mpona kobondela, Nzambe na bomoi Abikisaki ye na mbala moko na ba bokono na ye nioso.

Wuta mokolo akutanaki na Nzambe na bomoi na nzela na likambo wana na kokamwisa, Dr. Lee alinga Nzambe na motema na ye mobimba kati na bosolo, mpe na mbula 1978 abiagamaki mpona kokoma mosali na Nzambe. Abondelaka makasi mingi na kokila mingi na bilei mpo ete akoka kososola malamu mingi mokano na Nzambe, akokisa yango na mobimba mpe atosa Liloba na Nzambe. Na 1982, abandisaka Manmin egelesia Central na Seoul, Korea na ngele, mpe misala mingi na Nzambe, ata, bikamwa na lobiko, bilembo mpe bikamwiseli, mibanda kati na lingomba na ye wuta wana.

1986, Dr. Lee azalaki ordonner lokola Pasteur na Mayangani na Mbula na Yesu Egelesia Sungkyul na Coree, mpe sima mbula minei na 1990, mateya ma ye mabanda kotalisama na Australie, Rusia, mpe ba Philippines. Kaka sima na tango moke ba mboka ebele koleka mikomaki mpe kolanda o nzela na Companie na telediffusion na asia na moi kobima, Station na telediffusion na Asia, mpe Systeme Radio na Bakristu na Washington.

Mbula misato na sima, na 1993, Egelesia Central Manmin eponamaki lokola moko na "Mangomba 50 na Mokili" na magazine na Mokili na Bakristu mpe azwaka Doctora Honorius na Bonzambe na College na Kondima na Bakristu, na Floride, America, mpe na 1996 azwaka Ph.D. na Mosala na Nzambe na Kingsway Seminaire ya Theologique, na Iowa, America.

Wuta 1993, Dr. Lee abanda kopalanganisa sango malamu kati na mokili mobimba na nzela na ba croisade na bikolo na bapaya na Tanzanie, Argentine, L.A., Baltimore City, Hawai, mpe na New York na America, Uganda, Japon, Pakistan, Kenya, Philippine, Honduras, Inde, Russie, Allemagne, Peru, Republique Democratique ya Congo, Yisalele mpe Estonie.

Na 2002 andimamaka lokola "molamusi na mokili mobimba" mpona mosala na ye na nguya na ba croisade ebele na bikolo na bapaya na ba Makasa minene na ba Sango na Bakristu na Coree. Mingi mingi ezalaki Croisade na ye na New York City na Madison Square Garden, Ndako na ekenda Sango mokili mobimba. Milulu etalisamaki na ba mboka 220, mpe na 'Croisade na ye na Yisalele na 2009', esalamaki na Centre na Convetion International (CCI) na Yelusaleme Atatolaka na Mongongo makasi été Yesu Christu Azali Messia mpe Mobikisi.

Mateya ma ye mitalisamaka na ba mboka 176 na nzela na satellite kosangisa GCN TV mpe abengamaka kati na basali 10 baleki na kokangola bato na 2009 mpe 2010 na magazine ekenda sango na bato na Rusia magazine na Bakristu In Victory mpe agence na ba sango Telegraph na Bakristu mpona mosala na nguya makasi o nzela na bitando mpe mosala na ye kati na ba egelesia na mikili na ba paya na nzela na mosala na Sango Malamu.

Kobanda sanza na Mai na 2013, Egelesia Central Manmin ezali na lingomba koleka 120,000 na bato. Ezali na ba branche 10,000 na ba egelesia na mokili mobimba mpe ba branche 56 na mboka, mpe na ba missionaire 123 batindama na ba mboka 23, ata America, Rusia, Allemagne, Canada, Japon, China, France, Inde, Kenya, mpe mingi koleka, kino lelo.

Kino na mokolo na kobimisa buku oyo, Dr. Lee akoma ba buku 85, ata ba buku mikenda sango, Komeka bomoi na seko liboso na kufa, Bomoi na ngai bondimi na ngai I &II, Sango na ekulusu, bitape kati na kondima, Lola I & II, Hell, Lamuka Yisalele!, Nguya na Nzambe, misala ma ye mobongolisama na ba koto koleka 75.

Ba kolone na makomi ma ye na Bakristu mibimaka na Haankook Ilbo, Hebdomadaire Joong Ang, Chosun Ilbo, Dong-A Ilbo, Munhwa Ilbo, Seoul Shinmun, Kyughyang shinmun, Hebdomadaire economique na Coree, Herald Coreen, Ba Sango Shisa, mpe presse Chretienne.

Sasaipi Dr. Lee azali mokambi na ba organization missionaire ebele mpe na masanga. Ebonga na ye ezali: President, Lisanga na ba egelesia na Yesu Christu na kobulisama; President, Manmin Mission na Mokili mobimba. Na Lelo President, BoKristu na mokili mobimba na Mission na Association na Bolamuki; Fondateur & President na conseil na Administration, Reseau Mondiale na ba Minganga Bakristu (WCDN0 ; mpe mobandisi & President na conseil d'administration, Seminaire Internationale Manmin (MIS).

Other powerful books by the same author

Heaven I & II

A detailed sketch of the gorgeous living environment the heavenly citizens enjoy and beautiful description of different levels of heavenly kingdoms.

The Message of the Cross

A powerful awakening message for all the people who are spiritually asleep In this book you will find the reason Jesus is the only Savior and the true love of God.

Hell

An earnest message to all mankind from God, who wishes not even one soul to fall into the depths of hell! You will discover the never-before-revealed account of the cruel reality of the Lower Grave and hell.

Tasting Eternal Life Before Death

A testimonial memoirs of Dr. Jaerock Lee, who was born gain and saved from the valley of death and has been leading an exemplary Christian life.

The Measure of Faith

What kind of a dwelling place, crown and reward are prepared for you in heaven? This book provides with wisdom and guidance for you to measure your faith and cultivate the best and most mature faith.

www.urimbooks.com